學會易經占卜的第一本書

黃輝石◎著

陳序

黃輝石賢棣大作《學會易經・占卜的第一本書》是專門爲《易經》愛好者和研究者方便實際使用而用心撰著的。

黃君研究《易》學數十年，吸收各名家精華，尤精於「占卜」一途，所以能別出心裁，推陳出新，另創格局，讓學者們得此書，既可按圖索驥，又可寓教於樂，一舉數得，何樂不爲？

中華道教學院教務長
陳飛龍

我跟黃老師的學習經驗

1.

自從研究《易經》多年，使我的人生，生活品質提高。尤其學習黃老師精心研究的易經，所創作出的這套書籍，使我在人生中，充滿了無限的希望。每當我在碰到人事間的瓶頸時候，多能適時適切的經由簡易的卜筮（米卦）取得卦象，再由解卦內容獲知因應之道，沒有不應不準的，因此在無形之中使我增加了智慧，在親友間獲得好評，這就是學習黃老師的《易經》創作的心得分享。

學生　**廖金鐘**　服務於郵政總局北區科長室

2.

《學會易經‧占卜的第一本書》我個人覺得非常實用，也能夠很快認識易經，甚至初學者只要用五分鐘就學會卜卦，可以幫助自己決斷諸多疑惑，也可以幫助別人解決困惑。卜卦過程中，只要有誠心，有善念，都會很靈驗，給自己或對方的答案，往往令人

讚嘆不已，覺得太不可思議了。

人生在世，十之八九不如自己意，只要是人都會有困難，會做夢，我相信了解易經的人，是幸福的到來，因此通達大道的人不會有迷惑，知道命運的人不會憂慮？

學生 **黃玄晉** 就讀於中國海專夜間部

3.

易經遠在幾千年前伏羲畫卦開始，經過歷代先賢至聖的演繹成為中國人最具智慧的哲學，古人用易經占卜來趨吉避凶，從理政、治事謀略到一般的生活起居都能應用，一本書中卻藏有天機應妙無限，但在一般人的眼中易經是門極度深奧難懂的學問，所以以往易經都要學士淵博之人才有可能貫通運用。

在一個機緣之下，認識了道玄講堂的黃輝石老師，讓我了解到易經的玄奇，也有幸淺習了易經的入門之道。讓我深深感覺易經並非如想像中必須要苦學多年才能應用易經，排難解惑。黃老師一直積極於易經的推廣，出版這本書正是他希望用簡易的方式，讓一般人也享用到易經的好處。這本書是一個絕佳的易經實用工具書，更是學習易經的

方便法門，對於不懂易經的人也能輕鬆使用。

對於我而言，在我遇到困頓及迷惑之時，易經讓我看到了廣闊的人生天道，學得了圓融處世之道。所以我希望有更多人能利用這本書體驗易經的神妙，找到人生的方向。

學生　**黃文姬**　現職經理

4.

《學會易經‧占卜的第一本書》是很容易入門，並習得起卦之法，可初步達到自己能在任何的狀況之下，都能得到卦爻辭的引導，可是對初學者而言是一大考驗。因此，黃老師秉持著，宏揚易經的心願，將其對64卦的精華內容，以現代人的語言，代入了每一卦每一爻，而以化繁為簡的原則，使得讀者能利用此書，將面臨的問題，在最短的時間內，而得到一個方向和因應之道，讓易經進入生活之中，讓生活充滿了智慧。

學生　**陳美旭**　任職於金融保險經紀人

5.

《易經》是一本流傳很悠久的中華文化至寶，記載著人類生命實存之理。卦觀全局，內外交攝，和合以釋之；爻觀變易，上下相應，互通以解之；因此要先觀全局，後觀變易，體時之幾，知勢之理，才能內具於德，上通於道。

黃老師多年研究《易經》，為使《易經》大道能普遍流傳，讓生活在多元化的情境中，知道如何轉念，趨吉避凶，特別研究這套《學會易經・占卜的第一本書》，配合時代的節奏，以遊戲方式，讓同道者，易懂易學，啟開生活智慧，深具學習價值，特為文感佩及推薦。

學生 **林棟樑** 陸軍上校

6.

認識黃老師是在中華道教學院，對於他宏揚大道的精神，深感佩服。不僅如此，我們上黃老師易經占卜的課程中，在他深入淺出的教法，連八十老嫗都能沈浸在易經占卜

的樂趣中，擺脫了易經給我們的刻板印象。有幸先拜讀了黃老師的大作，果真是新瓶裝香醇老酒，相信這古今中外的天下第一奇書——《易經》，將可重新在新新人類中綻放出美麗的花朵。

（**林玫玲**・畢業於政大心理系，曾留學日本北海道大學，目前在中華道教學院研習道教文化、易學等。）

7.

在我學習《易經》的過程中，本以為《易經》深不可測。可是當我看過黃老師獨創的著作後。使我毛塞頓開，驚喜不已，真是非常有創意。

此套書籍簡單易懂，即使初學者也很容易進入狀況，只要按圖索驥，可以從遊戲當中產生興趣，進入哲學的領域，用哲學的角度來解決當下的疑惑，所以我將此套書作為我日常生活的指南針，願對《易經》有興趣的同好，共同來分享。

學生 **陳文輝** 從事太極拳、五禽之戲、整椎推拿等教學

自序

這一套《學會易經．占卜的第一本書》結合具備教、學、占玩等三種功能，是我多年研究《周易》的一本心血結晶。

在使用這套寄寓教學於娛樂的《學會易經．占卜的第一本書》前，必須先認知《周易》是由「經」和「傳」組成的，經文隱含了商、周兩代的歷史縮影，而傳又稱「十翼」，可能是融合了孔子及其門下的著作而成的，它的作用在於進一步闡述經文。

古代學者盛稱「《易》更三聖」，可見《周易》含有伏羲、文王、孔子等三位聖君、素王的深邃哲思。至今諸多學者專家無不竭盡所能的去鑽研探賾，並從各種角度，如哲學、義理、卦氣等等方面前來詮釋經文，提供對《易》學有興趣的後學一條通往聖道的捷徑。我亦是秉持著這種的心意，略盡棉薄，期盼這一套遊戲創作，對於同好者以及初學者的確具有實際的幫助。

「《易》有聖人之道四焉」，這是《周易・繫辭傳・上》所特別強調的，我對它有著下述的理解：

一、以言者尚其辭。辭有六十四卦辭及三百八十六爻辭，是用言語、文辭作為表達的，可以回溯到商、周時期的人、事、時、地、物等五方面。人物有箕子、帝乙、高宗、帝、先王、大人、丈人、君子、小人、女子、子、婦等等。事則為當時的婚姻制度、井田制度、軍事制度、政治制度等等。時的部份，著重在諸王的傳承先後與在位年代，如帝乙、紂王在位的年代、文王在西伯的年代、武王克商到周的年代，都必須要理解。地的方面，包括地理環境的高山險阻、肥沃平原等。諸侯國的分佈所在，如文王西伯在岐山，屬西方；紂王在朝歌，屬東方；文王被囚的羑里即在朝歌不遠的北方。以此地理觀念來理解的「東鄰殺牛，不如西鄰禴祭」，以及卦辭的「利西南不利東北」，以及「高宗伐鬼方；喪羊於易」（有易國）等說辭，就更能明瞭它的含意。最後談到物的方面，離卦的「畜牝牛吉」表示養牝牛繁殖小牛代表農牧業；大畜卦的「良馬逐，利艱

貞」，有寓兵於農之意；大壯卦的「羝羊觸藩，羸其角」，大畜卦「童牛之牿、豶豕之牙」，都説明豬、牛、羊等等三大牲是當時畜養的對象。由此可知，認知商、周的人、事、時、地、物，對於《周易》經文的了解是有裨益的。

二、以動者尚其變。變是「窮則變、變則通」的變，當有所動作行爲，即通過卦、爻辭所表達出來的涵義，唯變所適，如比卦卦辭「比，吉。原筮，元永貞。無咎。不寧方來。後夫凶。」「九五，顯比。王用三驅，失前禽，邑人不誡，吉。」就可依據這些卦、爻辭，直接點到如何崇尚變的要領。如「後夫凶」就要知道：變不可居後而必須居前，方可轉爲吉。「王用三驅，失前禽」，即表示不可有一網打盡的念頭。

三、以制器者尚其象。象是《周易》用來表達思想的基本架構。「古者包犧氏之王天下也，仰則觀象于天，俯則觀法于地，觀鳥獸之文，與地之宜，近取諸身，遠取諸物，于是始作八卦，以通神明之德，以類萬物之情，作結繩而爲罔罟，以佃以漁，蓋取諸離。」這是當時從離卦☲取象出來做爲網目、捕魚、網獸的開始，延伸出無數的器具。

四、以卜筮者尚其占。對於卜筮有興趣人，則崇尚占斷的吉、凶、悔、吝，這是直接又明確可以理解。但有時並沒有明確地指示，必須靠智慧去判斷。如比卦九三爻辭：「比之匪人。」匪人即不是人，是鬼、神、或是另類的，這就必須靠經驗法則了。還好，《易》是爲君子所謀，不爲小人所設，出發點爲善，天人自能感應，心誠則靈。經由不斷的筮占，可以發現到《易經》神奇奧妙的力量，無所不在，無所不能，有求必應。

大體來說，人生經驗及際遇，幾乎都涵蓋於《易經》的範圍內，它就在你的身旁，只是你日用而不知罷了。我希望能經由本套創新的遊戲，來啓發讀者的興趣，進入更深一層的知識領域，讓人生更充實、更豐富，不會患老人痴呆症，秉持著老子《道德經・第81章》「聖人不積（藏私）的理念，既以爲人己愈有，既以與人己愈多」，來做爲發揚中華文化《周易》的精神。

目錄

如何利用本書

如何利用本書

這本書的主旨是爲了方便利用《易經》的同好們，以及對占卜有信心與有興趣的人，在分析解釋卦爻辭時，所應認知的模式和精華內容的參悟。

如果你沒有多餘的時間去了解《易經》的整個來龍去脈，但又急著要解惑自己的當下困境；甚至對於平時依賴你很重的親友也來請教你之時，那麼你就可以依照本書如梅花Q所詳載的方式，依照書中的實例解說，來解析你的疑惑以及因應之道。

本書結合《大衍撲克易》與《易經占卜馬上通》來推算你的未來行動方針，所以你就必須要將《大衍撲克易》中的五十四張卡片詳閱一番。

上經下經排列組合表

黑桃♠	卦名	紅桃♥	卦名	紅角◇	卦名	梅花♣	卦名
A	乾	A	隨・蠱	A	咸・恒	A	革・鼎
2	坤	2	臨・觀	2	遯・大壯	2	震・艮
3	屯・蒙	3	噬嗑・賁	3	晉・明夷	3	漸・歸妹

4	需・訟	4	剝・復	4	家人・睽	4	豐・旅
5	師・比	5	无妄・大畜	5	蹇・解	5	巽・兌
6	小畜・履	6	頤	6	損・益	6	渙・節
7	泰・否	7	大過	7	夬・姤	7	中孚
8	同人・大有	8	坎	8	萃・升	8	小過
9	謙・豫	9	離	9	困・井	9	既濟・未濟

※黑桃A～9和紅桃A～9共30卦屬於上經。
紅角A～9和梅花A～9共34卦屬於下經。

以上共三十六張是《易經》上下經六十四卦的卦、爻辭經文。上下經共六十四卦、經文約五千字。其中有**《乾》**、**《坤》**、**《頤》**、**《大過》**、**《坎》**、**《離》**、**《中孚》**、**《小過》**等八個卦單獨在一張卡片是因爲本卦與綜卦沒有變的關係。所謂**綜卦**就是六爻的排列由本來的初、二、三、四、五、上爻變成上、五、四、三、二、初爻相綜的現象。

黑桃10：是要認識《易經》的符號有**太極圖**、**陽儀**、**陰儀**、**四象**、**八卦**、**卦名**以及**口訣**。（請參閱內容解說）。

黑桃J：是要認識《易經》的先天八卦、卦象、五行、河圖九宮、以及紫白賦。（請參閱內容解說）。

黑桃Q：是要認識《易經》的後天八卦、方位、六親、九運等排列。（請參閱內容解說）。

黑桃K：是要認識《易經》八卦相盪成六十四卦的排列組合順序圖象。（請參閱內容解說）。

紅桃10：是要認識《易經》六十四卦序排列組合的歌訣。（共九十八字）讓初學者便於記憶以及便於尋卦節省時間。（請參閱內容解說）。

紅桃J：是要認識《易經》八宮六十四卦排列組合的動爻變卦定出八宮每卦的世應位置。此張卡片是用在金錢卦屬於五行易搖卦法專用的圖表。（請參閱內容解說）。

紅桃Q：是要認識金錢卦的納甲裝卦歌，按照圖表所示，安裝於所占卜之卦上找出對待關係。（請參閱內容解說）。

紅桃K：是要認識六十甲子（十天干、十二地支排列組合）於年、月、日、時，稱爲四柱。（請參閱內容解說）。

紅角10：是要認識五行相生圖與五行相剋圖，五行相互間的生剋制化，用在金錢

卦、五行易的吉凶判斷。（請參閱內容解說）。

紅角J：是要認識掌中訣十二地支（年、月、日、時）之代數。用在機鋒時間數字卦，由代數轉換成六十四卦。（請參閱內容解說）。

紅角Q：是要認識十二地支六合、地支三合、地支六沖之沖合關係，這在日常生活當中最常用的知識，尤其是擇日不可避免的。（請參閱內容解說）。

紅角K：是要認識一、占卜儀式簡易流程。二、卜卦諸般禁忌。（請參閱內容解說）。

梅花10：是要認識《梅花易數》的由來以及如何依象、數、物、方位，隨機起卦。（請參閱內容解說）。

梅花J：是要認識《機鋒時間卦》的推算方法，當你在動心起念之時，依當下之年、月、日、時，以代數相加之數換算成卦，再從卦、爻辭的經文找出精華內容，便可得知你要的參考解析。（請參閱內容解說）。

梅花Q：是要認識一、《**先天起卦法**》可從任何數來起卦。如、米卦。用手抓米三次分別是上卦數、下卦數、以及動爻數。亦可由報數三次分別是上卦數、下卦數、以及動爻數，便可取得卦象，再從卦爻、動爻的經文獲得參考解析。

二、《**後天起卦法**》對於初學較難理解，所以要使用此法必須對《易經》有深入時方能熟練。（請參閱內容解說）。

梅花K：是要認識《**大衍之數**》這是最古老的算術，用著草或竹子爲工具來推算的，這又更深一層了。（請參閱內容解說）。

JOKER：是要認識《**以錢代著法**》俗稱金錢卦（搖卦法）此法是最複雜，以《**卜筮正宗**》爲推斷依據再參考其他值得參考如《**天下第一卜書**》、《**鬼谷子全書**》等等（請參閱內容解說）。

JOKER：是要認識《易經》有三易（**連山**、**歸藏**、**周易**）。《周易》有**不易**、**變易**、**簡易**的三種內涵。（請參閱內容解說）。

這本書上的五十四張卡片概括了六十四卦的組合以及卦、爻辭的經文，更重要的是將卜卦的方式詳列在其中，讓初學者只要將卡片與內容解說結合就可將易經生活化。

任何一位初學者均可在很短的時間內，學會米卦占卜。只要將本套書從頭到尾看過一遍，再簡略成以下步驟即可熟練。

一、參看◇K的內容。

二、參看♣Q的內容。

三、參看數位對照表。
四、參看實例解說內容。

內容簡介

本章〈**解卦精華**〉篇的目的在於解決讀者當下的疑惑，藉由提供簡捷的因應之道，將**千頭萬緒的難題**，經由卜問結果，得到化繁為簡、化難為易的捷徑，並可循此內容，作為下一步行動的最佳參考。

以下的解卦內容，分成A、B兩組，**A組以因應財、福、康、寧**（即物質與精神），B組以**因應人緣**、**機遇**（即人事互動、感情、婚姻）為主。

A：**財福康寧**：財帛、事業、官運、求學健康、精神心靈。

B：**人緣機遇**：人緣感情婚姻、田宅、子息、安定危機。

卦辭的解說用在**大原則**。

爻辭的解說用在**行動上**。

陽爻用九。陰爻用六。初表示第一爻。上表示第六爻。

黑桃♠A

乾卦、爻辭經文精華解說

1. ☰☰

乾。元亨。利貞。（卦辭經文）

A、自強不息，實行有利。（精華解說）

B、循序漸進，有始有終。

初九：**潛龍。勿用。**

A、潛伏時期，蓄勢待發。

B、稍安勿躁，觀察入微。

九二：**見龍在田。利見大人。**

A、時機來臨，主動出擊。

B、把握契機，極力爭取。

九三：**君子終日乾乾，夕惕若。厲，無咎。**

A、提高警覺，有驚無險。

B、競爭激烈，有備無患。

九四：**或躍在淵，無咎**。

A、胸有成竹，值得一試。

B、大膽表白，智者可爲。

九五：**飛龍在天**。**利見大人**。

A、錢權在握，廣結善道。

B、天時地利，錦上人和。

上九：**亢龍**。**有悔**。

A、時候已到，應知進退。

B、曲高和寡，放低身段。

用九：**見群龍無首**。吉。

A、無爲而治，大吉大利。

B、集體領導，各守本位。

2. ䷁

坤。元亨。利牝馬之貞。君子有攸往先迷後得主，利西南得朋，東北喪朋，安貞吉。

A、順勢而爲，先失後得。

B、以柔克剛，終能白首。

初六：**履霜，堅冰至。**

A、反應機警，了然於胸。

B、事有蹊蹺，不可不防。

六二：**直方大。不習，無不利。**

A、規劃完善，有利可圖。

B、品格端正，難得之選。

六三：**含章。可貞，或從王事，無成有終。**

A、信心十足，漸入佳境。

B、才華洋溢，助人爲樂。

六四：**括囊。無咎。無譽。**

A、作物收成，好壞適中。

B、口風慎謹，無失無得。

六五：**黃裳。元吉。**

A、衆望所歸，諸事大吉。

B、心想事成，如魚得水。

上六：**龍戰于野，其血玄黃。**

A、權勢鬥爭，世代交替。

B、互爭有無，兩敗俱傷。

用六：**利永貞。**

A、永續經營，千秋萬世。

B、長相廝守，居住久安。

3. ䷂

屯。元亨。利貞。勿用有攸往，利建侯。

A、打好基礎，做好規劃。

B、選定對象，不動聲色。

初九：**磐桓。利居貞，利建侯。**

A、加強實力，廣佈通路。

B、穩重可依，多加琢磨。

六二：**屯如，邅如，乘馬班如。匪寇、婚媾。女子貞不字，十年乃字。**

A、按兵不動，尚未成熟。

B、婚嫁之事，還早得很。

六三：**即鹿無虞，惟入于林中。君子幾，不如舍，往吝。**

A、專業專才，當知進退。

B、人際感情，須有導引。

六四：**乘馬班如，求婚媾。往吉，無不利。**

A、水到渠成，大有所獲。

B、天賜良緣，以禮相求。

九五：**屯其膏。小貞吉。大貞凶。**

A、公器私用，難成大業。

B、爲富不仁，人心背離。

上六：**乘馬班如，泣血漣如。**

A、大勢將去，徒呼奈何。

B、勉強應合，造成傷害。

4. ䷃

蒙。**亨。匪我求童蒙，童蒙求我，初筮告，再三瀆，瀆則不告。利貞。**

A、病求醫易，醫求病難。

B、誠心求人，諸事如意。

初六：**發蒙。利用刑人，用説桎梏。以往吝。**

A、貪圖方便，得不償失。

B、不可輕信，本性難移。

九二：**包蒙。吉。納婦吉，子克家**。

A、有容乃大，一本萬利。

B、不負所託，興家立業。

六三：**勿用取女，見金夫，不有躬，無攸利**。

A、強奪掠取，難得如願。

B、虛榮作怪，實無可取。

六四：**困蒙。吝**。

A、不智之鬥，每下愈況。

B、昏憒慵懶，不知進取。

六五：**童蒙。吉**。

A、終身學習，鴻圖大展。

B、活潑進取，難能可貴。

上九：**擊蒙。不利爲寇，利禦寇**。

A、改變策略，打破傳統。

B、教學相長，以守爲攻。

黑桃♠4

5. ䷄ 需、訟卦、爻辭經文精華解說

需。有孚，光亨。貞吉，利涉大川。

A、生意盎然，供需平衡。

B、互相忍耐，終成佳偶。

初九：需于郊。利用恒，無咎。

A、眼光放遠，不急一時。

B、可造之才，值得培育。

九二：需干沙。小有言，無咎。

A、適度修正，一切如初。

B、流言波及，何必掛心。

九三：**需于泥，致寇至。**

A、欺蒙逃漏，損失更大。

B、掩蔽事實，愈難辨白。

六四：**需于血，出自穴。**

A、承蒙指引，順利脫困。

B、憐憫關懷，肺腑之心。

九五：**需于酒食。貞吉。**

A、酬酢貿易，欣欣向榮。

B、水乳交融，各守本份。

上六：**入于穴，有不速之客三人來。敬之，終吉。**

A、顧客至上，服務第一。

B、毛遂自薦，以禮相待。

6. ䷅

訟。**有孚，窒惕，中吉，終凶，利見大人，不利涉大川。**

A、法律邊緣，勿蹈不法。

B、幸見高人，知難而退。

初六：**不永所事，小有言。終吉。**

A、執行困難，調整有利。

B、有所悔悟，方能偕老。

九二：**不克訟，歸而逋，其邑人三百戶無眚。**

A、苗頭不對，溜之大吉。

B、下不鬥上，委屈求全。

六三：**食舊德。貞厲，終吉。或從王事，無成。**

A、墨守成規，事業難成。

B、只圖方便，建樹不多。

九四：**不克訟，復即命。渝，安貞吉。**

A、知己知彼，守成之象。

B、適度調整，安全無虞。

九五：**訟。元吉。**

A、等量齊觀，自然利多。

B、談判高手，皆大歡喜。

上九：**或錫之鞶帶，終朝三褫之。**

A、強施手段，功虧一簣。

B、用盡心機，原形畢露。

黑桃♠5

師、比卦、爻辭經文精華解說

7. ䷆

師。**貞丈人吉，無咎。**

A、競爭市場，專業取勝。

B、特殊人才，善加利用。

初六：**師出以律。否臧、凶。**

A、品質管制，優勝劣敗。

B、約法三章，從善如流。

九二：**在師中。吉，無咎。王三錫命。**

A、領導有方，屢獲嘉許。

B、青年才俊，獨得青睞。

六三：**師或輿尸，凶。**

A、經營不善，終致損失。

B、不識抬舉，難能共事。

六四：**師左次，無咎。**

A、整修內部，擇期開張。

B、按兵不動，以待來日。

六五：**田有禽，利執言，無咎。長子帥師，弟子輿尸。貞凶。**

A、指揮掣肘，敗因所在。

B、意見分歧，決裂之象。

上六：**大君有命，開國承家，小人勿用。**

A、大功賜位，小功賜財。

B、遵循天意，不可亂用。

8. ䷇

比。吉。**原筮元永貞，無咎。不寧方來，後夫凶。**

A、開始就對，不必猶疑。

B、第一印象，注意把握。

初六：**有孚比之。無咎。有孚盈缶，終來有他吉。**

A、福澤盈滿，連本帶利。

B、誠信相親，如獲至寶。

六二：**比之自內。貞吉。**

A、上下一心，共創財富。

B、彼此誠懇，眞心相守。

六三：**比之匪人。**

A、意圖不軌，仿冒可議。

B、不得不失，虛與委蛇。

六四：**外比之。貞吉。**

A、擴大營業，增加收入。

B、異地姻緣，外才可用。

九五：**顯比。王用三驅，失前禽，邑人不誡，吉。**

A、金字招牌，獲利綿延。

B、大人大德，順從相配。

上六：**比之無首。凶。**

A、沒有準則，豈能不敗。

B、老來伶仃，該怪當初。

黑桃♠6

小畜、履卦、爻辭經文精華解說

9. ䷈

小畜。**亨。密雲不雨，自我西郊。**

A、謀取空間，以小搏大。

B、醞釀階段，識途老馬。

初九：**復自道，何其咎，吉。**

A、往返運作，輕而易舉。

B、循規蹈矩，沒有不好。

九二：**牽復。吉。**

A、內行領導，利益合霑。

B、互相牽成，合作無間。

九三：**輿說輻，夫妻反目。**

A、主體瓦解，不利運行。

B、各說各話，歸咎對方。

六四：**有孚，血去。惕出，無咎。**

A、心想事成，危機可除。

B、好的留下，壞的將去。

九五：**有孚攣如，富以其鄰。**

A、德道多助，左右逢源。

B、敦親睦鄰，利益衆生。

上九：**既雨既處，尚德載，婦貞厲；月幾望，君子征，凶。**

A、氣運已盡，夫復何求。

B、就是如此，適可而止。

10.

履。**履虎尾，不咥人。亨。**

A、正派營運，不受連累。

B、光明磊落，自然誠服。

初九：**素履。往無咎。**

A、平常心態，勇往直前。

B、處之泰然，不會有錯。

九二：**履道坦坦，幽人貞吉。**

A、管路通暢，沾沾自喜。

B、胸懷坦蕩，盡可放心。

六三：**眇能視，跛能履；履虎尾，咥人。凶，武人為于大君**。

A、草率行事，終遭吞噬。

B、用人不當，傷害難免。

九四：**履虎尾，愬愬。終吉**。

A、保持警戒，終無損失。

B、謹慎之人，結局順利。

九五：**夬履。貞厲**。

A、強行運作，結局危險。

B、各自表述，和諧難祈。

上九：**視履，考祥其旋。元吉**。

A、審慎返觀，再好不過。

B、時時自省，可以匹配。

黑桃♠7

泰、否卦、爻辭經文精華解說

11. ䷊

泰。小往大來。吉、亨。

A、施小受大，累積厚福。

B、異地而處，必然通達。

初九：**拔茅茹，以其匯，征吉。**

A、好的開始，集體行動。

B、英才匯聚，有福同享。

九二：**包荒，用馮河，不遐遺，朋亡，得尚于中行。**

A、亡羊補牢，尚無損失。

B、患難之中，眞情相挺。

九三：**無平不陂，無往不復。艱貞無咎。勿恤其孚，于食有福。**

A、居安思危，溫飽有餘。

B、人生旅途，起伏難免。

六四：**翩翩不富以其鄰。不戒以孚。**

A、急速衰退，揪出病根。

B、交友不慎，小心應對。

六五：**帝乙歸妹以祉。元吉。**

A、釋出善意，獲福匪淺。

B、不計身份，天賜良緣。

上六：**城復于隍。勿用師。自邑告命，貞吝。**

A、大起大落，命運如斯。

B、情緣已盡，不必追憶。

12. ䷋

否。**否之匪人。不利君子貞。大往小來。**

A、時不我予，無所奢求。

B、對牛彈琴，馬耳東風。

初六：**拔茅茹以其匯。貞吉、亨。**

A、一切歸零，從新開始。

B、人事已非，自求多福。

六二：**包承。小人吉，大人否亨。**

A、忍辱負重，先失後得。

B、多多包涵，不計前嫌。

六三：**包羞。**

A、氣運將通，守株待兔。

B、小人讒言，包容其辱。

九四：**有命。無咎。疇離祉？**

A、命中註定，託人之福。

B、一切隨緣，認命行事。

九五：**休否。大人吉。其亡，其亡，系于苞桑。**

A、止跌回升，不可大意。

B、挽回情勢，尚待觀察。

上九：**傾否，先否後喜。**

A、盡掃陰霾，苦盡甘來。

B、誤會已解，握手言歡。

黑桃♠8

同人、大有卦、爻辭經文精華解說

13. ䷌

同人。**同人于野。亨。利涉大川，利君子貞。**

A、遠處求道，開闊視野。

B、同儕共聚，遠行散心。

初九：**同人于門。無咎。**

A、緊急會商，共謀對策。

B、傾聽意見，解決危機。

六二：**同人于宗。吝。**

A、自私心態，前途受阻。

14. ䷌

B、畫地自限，人事不達。

九三：**伏戎于莽，升其高陵，三歲不興。**

A、長期觀望，不謀近利。

B、暗中監視，不漏風聲。

九四：**乘其墉，弗克攻，吉。**

A、設定目標，自有收穫。

B、切入核心，點到為止。

九五：**同人先號咷而後笑，大師克相遇。**

A、大勢危急，幸得化解。

B、針鋒相對，衆人調停。

上九：**同人于郊。無悔。**

A、公益之事，欣然接受。

B、心存感恩，無有悔事。

大有。**大有。元亨。**

A、氣勢如虹，開市大吉。

B、有容乃大，人緣廣佈。

初九：**無交害，匪咎，艱則無咎。**

A、勿攀關係，辛苦經營。

B、不談私情，堅守本份。

九二：**大車以載，有攸往。無咎。**

A、付出愈多，生意日隆。

B、盛禮相待，日漸契合。

九三：**公用亨于天子。小人弗克。**

A、獲利回報，匹夫難爲。

B、門當戶對，應所當爲。

九四：**匪其彭，無咎。**

A、拋磚引玉，壯大聲勢。

B、樸實無華，還算可以。

六五：厥孚交如，威如。吉。

A、排場盛壯，揚揚得意。

B、氣宇軒昂，勢不可當。

上九：自天祐之。吉，無不利。

A、得天獨厚，大吉大利。

B、出自天意，一切順勢。

黑桃♠9

謙、豫卦、爻辭經文精華解說

15. ䷎

謙。謙。亨，君子有終。

A、以客為尊，高朋滿座。

B、謙遜為人，善始善終。

初六：謙謙。君子用涉大川，吉。

A、柔性訴求，有利經營。

B、上善若水，順利共渡。

六二：**鳴謙。貞吉。**

A、名氣享譽，固守不退。

B、同氣相求，正人君子。

九三：**勞謙。君子有終，吉。**

A、克勤克儉，必有收穫。

B、腳踏實地，可以付託。

六四：**無不利。撝謙。**

A、無往不利，發揚光大。

B、獨善其身，兼善天下。

六五：**不富以其鄰。利用侵伐，無不利。**

A、抵禦外侵，大獲勝利。

B、訴諸行動，獲得共識。

上六：**鳴謙。利用行師，征邑國。**

A、捍衛體制，強勢作風。

B、忍耐有限，當頭棒喝。

16. ䷏

豫。**利建侯行師。**

A、做好準備，等待出發。

B、建立關係，日後受用。

初六：**鳴豫。凶。**

A、虛應聲勢，損失難免。

B、放肆行為，有失風度。

六二：**介于石，不終日。貞吉。**

A、行動快速，獲利保證。

B、一言九鼎，可以付託。

六三：**盱豫，悔。遲有悔。**

A、如何調適，皆未得意。

B、企盼注視，時機不合。

九四：**由豫。大有得。勿疑，朋盍簪。**

A、自由發揮，大有所得。

B、朋友相處，緊密結合。

六五：**貞疾，恒，不死。**

A、癥結存在，長久不亡。

B、確有問題，不致分離。

上六：**冥豫。成，有渝，無咎。**

A、老謀深算，守成不虧。

B、暗中進行，成變無礙。

紅桃♥A

隨、蠱卦、爻辭經文精華解説

17. ䷑

隨。**元亨。利貞。無咎。**

A、承先啓後，有捨有得。

B、從善如流，高枕無憂。

初九：**官有渝。貞吉，出門交有功。**

A、差強人意，峰迴路轉。

B、人事乍變，遇貴得解。

六二：**係小子，失丈夫。**

A、力求改善，不計損失。

B、魚與熊掌，無法兼得。

六三：**係丈夫，失小子，隨有求，得。利居貞。**

A、拋磚引玉，固若金湯。

B、掌握原則，見好就收。

九四：**隨有獲。貞凶。有孚在道，以明。何咎？**

A、見獵心喜，開誠布公。

B、坦言相待，不傷和氣。

九五：孚于嘉。吉。

A、予取予求，大有斬獲。

B、雙喜臨門，得其所願。

上六：拘系之，乃從維之。王用亨于西山。

A、遵循慣例，飲水思源。

B、緊密相連，如影隨形。

18. ䷑

蠱。元亨，利涉大川。先甲三日，後甲三日。

A、重整旗鼓，勢在必行。

B、積弊已久，痛改前非。

初六：幹父之蠱。有子，考無咎。厲，終吉。

A、接掌父業，艱辛有成。

B、人事交替，自然運行。

九二：幹毋之蠱。不可貞。

A、投資錯誤，不可固守。

B、遇人不淑，應思變遷。

九三：**幹父之蠱。小有悔，無大咎。**

A、子承父業，遭受挫折。

B、人事交替，大不如前。

六四：**裕父之蠱，往見吝。**

A、鬆懈父業，不可收拾。

B、漫不經心，歧路亡羊。

六五：**幹父之蠱。用譽。**

A、繼往開來，欣欣向榮。

B、出類拔萃，與有榮焉。

上九：**不事王侯，高尚其事。**

A、遠離政治，專心事業。

B、高風亮節，不涉是非。

紅桃♥2

臨、觀卦、爻辭經文精華解說

19.

臨。**元亨。利貞。至于八月有凶。**

A、一帆風順，當心丕變。

B、明槍易躲，暗箭難防。

初九：**咸臨。貞吉**。

A、創業維艱，得來不易。

B、任勞任怨，患難可共。

九二：**咸臨**。**吉，無不利**。

A、與君同樂，共享成果。

B、德足悅衆，難能可貴。

六三：**甘臨**。**無攸利，既憂之，無咎**。

A、不務實際，休想獲利。

B、口蜜腹劍，小心提防。

六四：**至臨。無咎。**

A、賓至如歸，和氣生財。

B、體貼入微，合作無間。

六五：**知臨。大君之宜，吉。**

A、睿智領導，綽綽有餘。

B、運籌帷幄，佳偶天成。

上六：**敦臨。吉，無咎。**

A、務實管理，收穫豐碩。

B、兢兢業業，無庸置疑。

20. ䷓

觀。**盥而不薦，有孚顒若。**

A、誠信有禮，諸事乃成。

B、明察秋毫，相敬如賓。

初六：**童觀。小人無咎，君子吝。**

A、思維幼稚，難成大事。

B、難勝大任，只可小用。

六二：**窺觀，利女貞。**

A、以管窺天，適合女性。

B、相親之事，宜於女貞。

六三：**觀我生，進退。**

A、問卷調查，始作決定。

B、多做比較，方知取捨。

六四：**觀國之光，利用賓于王。**

A、公營事業，晉陞有望。

B、入幕之賓，公教爲佳。

九五：**觀我生，君子無咎。**

A、年終考核，高分無疑。

B、提拔人才，優秀可用。

上九：**觀其生，君子無咎**。

A、跨國經營，分擔風險。

B、他山之石，可以借鏡。

紅桃♥3

噬嗑、賁卦、爻辭經文精華解說

21. ䷔

噬嗑。**亨**。**利用獄**。

A、法律途徑，正本清源。

B、依法行事，不談感情。

初九：**屨校滅趾**。**無咎**。

A、防微杜漸，尚未有失。

B、先發制人，不可姑息。

六二：**噬膚滅鼻**。**無咎**。

A、從容應付，不可輕忽。

B、提防交往，得寸進尺。

六三：**噬腊肉，遇毒**。小吝，**無咎**。

A、案情複雜，謹慎處理。

B、動輒得咎，小心應變。

九四：**噬乾胏，得金矢，利艱貞**，吉。

A、精明幹練，突圍獲利。

B、嚴守分寸，廉明之才。

六五：**噬乾肉，得黃金**。**貞厲，無咎**。

A、拿人錢財，替人消災。

B、自我克制，不為利誘。

上九：**何校滅耳**。**凶**。

A、陷入太深，無法挽回。

B、忠言逆耳，自食惡果。

22. ䷕

賁。亨。小利有攸往。

A、小本經營，日見起色。

B、注重妝飾，增進友誼。

初九：**賁其趾，舍車而徒。**

A、基礎造型，粉墨登場。

B、標新立異，引來遐思。

六二：**賁其須。**

A、層次提昇，正派經營。

B、粉妝玉琢，清新可愛。

九三：**賁如，濡如。永貞吉。**

A、如獲甘霖，持續獲利。

B、表裏如一，廝守終生。

六四：**賁如，皤如，白馬翰如，匪寇婚媾。**

A、喜氣事業，充滿願景。

B、春華秋實，門當戶對。

六五：**賁于丘園，束帛戔戔。吝，終吉。**

A、勵精圖治，小挫終吉。

B、懷才隱遁，三顧茅蘆。

上九：**白賁，無咎。**

A、純樸自然，衆人稱善。

B、君子之交，其淡如水。

紅桃♥4

剝、復卦、爻辭經文精華解説

23. ䷖

剝。**不利有攸往。**

A、層層剝削，當機立斷。

B、與虎謀皮，禍福由己。

初六：**剝床以足。蔑貞凶。**

A、危機呈現，不得輕忽。

B、床第失和，引爆之初。

六二：**剝床以辨。蔑貞凶。**

A、芒刺在背，緊急求援。

B、得寸進尺，愈演愈烈。

六三：**剝之。無咎。**

A、壯士斷腕，處置得宜。

B、去之爲快，無有損失。

六四：**剝床以膚。凶。**

A、沈痾難起，周轉不靈。

B、最壞打算，做好準備。

六五：**貫魚，以宮人寵。無不利。**

A、評鑑優良，名利雙收。

B、出類拔萃，深受賞賜。

上九：**碩果不食，君子得輿，小人剝廬。**

A、一線生機，所得不同。

B、貴賤有別，近貴遠賤。

24. ䷗

復。**亨。出入無疾，朋來無咎。反復其道，七日來復。利有攸往。**

A、一元復始，萬象更新。

B、遷善去惡，赤子之心。

初九：**不遠復，無祇悔。元吉。**

A、及時修正，扶搖直上。

B、知錯能改，福至心靈。

六二：**休復。吉。**

A、喜悅而返，行事必成。

B、春風得意，來去自如。

六三：頻復。厲，無咎。

A、事與願違，知難而退。

B、眉頭深鎖，有憂無患。

六四：中行獨復。

A、上下相通，獨佔鰲頭。

B、秉持中道，唯我獨尊。

六五：敦復。無悔。

A、再三考量，終無後悔。

B、敦厚老實，相處無憂。

上六：迷復。凶。有災眚，用行師，終有大敗，以其國君，至于十年不克征。

A、迷失方向，虧損累累。

B、執迷不悟，終不可用。

紅桃♥5

无妄、大畜卦、爻辭經文精華解説

25. ☰☳

无妄。**元亨，利貞。其匪正有眚，不利有攸往。**

A、投機行爲，不可嘗試。

B、人不正派，勿與交往。

初九：**无妄往。吉。**

A、先馳得點，繼續奮進。

B、認識交往，可更深入。

六二：**不耕穫，不菑、畬，則利有攸往。**

A、因勢利導，創造利潤。

B、負上進心，值得交往。

六三：**无妄之災。或繫之牛，行人之得，邑人之災。**

A、无妄之災，虧錢消災。

B、交友不慎，遭受波及。

九四：**可貞，無咎。**

A、有口皆碑，安心無慮。

B、肯定忠貞，可為顧問。

九五：**无妄之疾，勿藥有喜**。

A、心裡錯覺，勿亂投資。

B、只是誤會，不須解釋。

上九：**无妄行，有眚，無攸利**。

A、已屆退休，不必妄求。

B、無須寄望，有害無益。

26. ䷙

大畜。**利貞，不家食，吉，利涉大川**。

A、畜牧養殖，擴大經營。

B、浪跡天涯，四海為家。

初九：**有厲。利巳**。

A、危機出現，圖謀解圍。

B、故態復萌，速作了斷。

九二：**輿說輹**。

A、暫停營業，全面檢討。

B、脫胎換骨，拭目以待。

九三：**良馬逐。利艱貞，日閑輿衛，利有攸往**。

A、運輸事業，日有精進。

B、重視養生，持之以恆。

六四：**童牛之牿。元吉**。

A、保險得宜，大吉有喜。

B、因勢利導，觀念正確。

六五：**豶豕之牙，吉**。

A、通權達變，步步高昇。

B、循循善誘，居安思危。

上九：**何天之衢。亨**。

A、四通八達，無往不利。

B、神通廣大，任重道遠。

紅桃♥6

頤、爻辭經文精華解說

27. ䷚

頤。**貞吉。觀頤，自求口實。**

A、頤養之道，不假他人。

B、自給自足，沒有依賴。

初九：**舍爾靈龜，觀我朵頤。凶。**

A、在職怨職，愈換愈差。

B、請教專家，勿信讒言。

六二：**顛頤，拂經于丘。頤征，凶。**

A、僥倖圖利，虧失老本。

B、思維反覆，不可寄望。

大哉義皇

竹下

六三：**拂頤。貞凶，十年勿用，無攸利。**
A、違背公道，永難成就。
B、依賴成性，永不錄用。
六四：**顚頤。吉，虎視眈眈，其欲逐逐，無咎。**
A、再接再勵，生機無限。
B、設定目標，志在必得。
六五：**拂經。居貞吉，不可涉大川。**
A、以逸待勞，一反常態。
B、心如止水，另類思考。
上九：**由頤。厲、吉，利涉大川。**
A、自由經營，履險如夷。
B、大家風範，爲所當爲。

紅桃♥7

大過卦、爻辭經文精華解說

28. ䷛

大過。棟橈。利有攸往，亨。

A、大勢已去，溜之大吉。

B、無法改善，不可接近。

初六：**藉用白茅。無咎。**

A、步步爲營，不無小補。

B、及時補救，小心謹慎。

九二：**枯楊生稊。老夫得其女妻。無不利。**

A、大器晚成，生機無限。

B、掌握要領，知其可爲。

九三：**棟橈。凶。**

A、每況愈下，不可收拾。

B、無法承受，不可倚重。

九四：**棟隆。吉。有它吝。**

A、適可而止，擴充無益。

B、名實相符，勿再奢求。

九五：**枯楊生華，老婦得其士夫。無咎，無譽。**

A、別出心裁，在商言商。

B、心態問題，歡喜就好。

上六：**過涉滅頂。凶、無咎。**

A、大難臨頭，勇氣可嘉。

B、危如累卵，冒險犯難。

紅桃♥8

坎卦、爻辭經文精華解說

29. ䷜

坎。**習坎。有孚。維心亨，行有尚。**

A、胸有成竹，化險爲夷。

B、好學不倦，值得交往。

初六：**習坎，入於坎窞，凶。**

A、掉入陷井，險遭套牢。

B、險惡之輩，勿被設計。

九二：**坎有險。求小得。**

A、不幸之中，尚有大幸。

B、逆向思考，選用優點。

六三：**來之坎坎、險且枕，入于坎窞。勿用。**

A、愈陷愈深，短期無望。

B、險象環生，不可接近。

六四：**樽酒簋貳，用缶，納約自牖。終無咎。**

A、市場供需，進口酒食。

B、酒後眞言，盡釋前嫌。

九五：**坎不盈，祗既平。無咎。**

A、開源節流，收支平衡。

B、不自驕滿，值得學習。

上六：**係用徽纆，寘于叢棘，三歲不得**。凶。

A、受限法令，不得解圍。

B、積重難返，萬劫不復。

紅桃♥9

離卦、爻辭經文精華解說

30. ䷝

離。**利貞**。**亨，畜牝牛吉**。

A、光明事業，生生不息。

B、發揚光大，培養人才。

初九：**履錯然**。**敬之，無咎**。

A、有益健康，敬慎不敗。

B、井然有序，恭敬如宜。

六二：**黃離，元吉。**

A、如日中天，拔得頭彩。

B、大而化之，可以依託。

九三：**日昃之離。不鼓缶而歌，而大耋之嗟，凶。**

A、日漸衰退，亡羊補牢。

B、人無遠慮，必有近憂。

九四：**突如其來如。焚如死如，棄如。**

A、飛來橫禍，希望滅絕。

B、凶惡之至，難能預料。

六五：**出涕沱若，戚嗟若。吉。**

A、楚楚可憐，哀兵必勝。

B、軟性訴求，終得體諒。

上九：**王用出征，有嘉折首，獲匪其醜。無咎。**

A、抓住要點，沒有後患。

B、主動出擊，擄獲芳心。

紅角◇A

咸、恒卦、爻辭經文精華解說

31. ䷞

咸。**亨。利貞取女吉。**

A、命理事業，女客爲尊。

B、心電感應，可結連理。

初六：**咸其拇**。

A、點到爲止，測試階段。

B、初次相逢，略有感應。

六二：**咸其腓。凶，居吉**。

A、尚未穩定，按兵不動。

B、踰越身份，有失莊重。

九三：**咸其股，執其隨。往吝**。

A、介入太深，隨便不得。

B、一再冒犯，適得其反。

九四：**貞吉，悔亡，憧憧往來，朋從爾思。**

A、近悅遠來，顧客滿意。

B、魚雁往返，心意底定。

九五：**咸其脢。無悔。**

A、大公無私，可以長久。

B、相互依偎，無怨無悔。

上六：**咸其輔、頰、舌。**

A、飲食行業，反應熱烈。

B、肌膚雖親，不可妄斷。

32. ䷟

恒。**亨，無咎，利貞，利有攸往。**

A、身體保健，經營永續。

B、感情婚姻，持之以恆。

初六：**浚恒。貞凶，無攸利。**

A、要求太多，無益反害。

B、過於勢利，拒絕往來。

九二：**悔亡**。

A、剛健得中，于事無悔。

B、就是這樣，沒有怨言。

九三：**不恒其德，或承之羞，無咎**。

A、難以持續，得人資助。

B、個性反覆，應作修正。

九四：**田無禽**。

A、徒勞無功，沒有收穫。

B、合適人選，尚未出現。

六五：**恒其德**。**貞婦人吉，夫子凶**。

A、營收利潤，女穩於男。

B、適合女性，不宜男性。

上六：**振恒**。**凶**。

A、風險太高，無法掌握。

B、不夠穩定，不可依賴。

紅角◇2

遯、大壯卦、爻辭經文精華解説

33. ䷠

遯。**亨**。**小利貞**。

A、非常時期，要求不多。

B、退居幕後，小有作爲。

初六：**遯尾**。**厲**，**勿用有攸往**。

A、禍期將到，遠離要快。

B、小人得勢，不可眷戀。

六二：**執之用黃牛之革，莫之勝説。**

A、隱退之心，不可動搖。

B、心意已定，無所改變。

九三：**係遯，有疾，厲，畜臣妾吉。**

A、虛應故事，等待時機。

B、逢場作戲，轉移目標。

九四：**好遯，君子吉，小人否。**

A、見好就收，難能可貴。

B、好聚好散，各留餘地。

九五：**嘉遯。貞吉。**

A、急流勇退，值得嘉許。

B、功成身退，美不勝收。

上九：**肥遯。無不利。**

A、高點出脱，大發利市。

B、禪讓美德，難望項背。

34. ䷡

大壯。**利貞**。

A、血氣方剛，戒之在鬥。

B、氣勢盛壯，小心固守。

初九：**壯于趾。征凶，有孚**。

A、出師不利，必然受損。

B、逞強好鬥，想必魯莽。

九二：**貞吉**。

A、恰到好處，固守獲利。

B、文武雙全，恩威並濟。

九三：**小人用壯，君子用罔，貞厲。羝羊觸藩，羸其角**。

A、勉強必傷，審慎可解。

B、有勇無謀，自暴其短。

九四：**貞吉，悔亡。藩決不羸，壯于大輿之輹**。

A、難關已過，前進無妨。

B、克服障礙，可以任用。

六五：**喪羊于易。無悔。**

A、喪失資源，自我調適。

B、自作自受，怪不得誰。

上六：**羝羊觸藩，不能退，不能遂，無攸利，艱則吉。**

A、進退兩難，務必解困。

B、腳踏兩船，智慧抉擇。

紅角◇3

晉、明夷卦、爻辭經文精華解說

35. ䷢

晉。**康侯用錫馬蕃庶，晝日三接。**

A、精心設計，綿延不斷。

B、受到肯定，幹練之才。

初六：**晉如，摧如。貞吉。罔孚裕，無咎。**

A、寬宏大量，不可小氣。

B、積極進取，又行正道。

六二：**晉如，愁如。貞吉。受茲介福，于其王母。**

A、祖上有德，晉用大吉。

B、得其庇蔭，善加安排。

六三：**眾允。悔亡。**

A、眾志成城，勝券在握。

B、一致推崇，義無反顧。

九四：**晉如鼫鼠。貞厲。**

A、行動遲緩，施展不開。

B、尸位素餐，避之爲宜。

六五：**悔亡。失得勿恤。往吉，天不利。**

A、失而復得，放心投資。

B、無須提防，心胸坦蕩。

上九：**晉其角。維用伐邑，厲、吉、無咎、貞吝。**

A、行動失控，緩謀對策。

B、鑽牛角尖，枉費心機。

36. ䷣

明夷。**利艱貞。**

A、光明受創，鍥而不舍。

B、人事不明，步步謹慎。

初九：**明夷于飛，垂其翼，君子于行，三日不食，有攸往，主人有言。**

A、失意階段，盡不如意。

B、出門在外，難獲禮遇。

六二：**明夷，夷于左股，用拯馬壯，吉。**

A、出了紕漏，盡力挽回。

B、遇到困難，尋求關說。

大哉羲皇 竹下

九三：**明夷於南狩，得其大首。不可疾貞。**

A、金銀財寶，健康第一。

B、鞠躬盡瘁，忠心耿耿。

六四：**入于左腹，獲明夷之心，于出門庭。**

A、不合體制，自我放逐。

B、獲知心意，當知出路。

六五：**箕子之明夷。利貞。**

A、韜光養晦，堅守到底。

B、有志難伸，所遇非人。

上六：**不明晦，初登于天，後入于地。**

A、不知天高，作法自斃。

B、只重眼前，不顧後果。

紅角◇4

家人、睽卦、爻辭經文精華解說

37. ䷤

家人，**利女貞**。

A、從家做起，尤利女性。

B、用女主管，有利占問。

初九：**閑有家**。**悔亡**。

A、有備無患，從小練起。

B、手藝嫻熟，自然無憂。

六二：**無攸遂，在中饋**。**貞吉**。

A、掌握得宜，飲食無缺。

B、悠閒自在，後顧無憂。

九三：**家人嗃嗃**。**悔，厲吉；婦人嘻嘻，終吝**。

A、嚴苛有成，兒戲致敗。

B、嚴加管教，必無後患。

六四：**富家**。**大吉**。

A、購屋置產，經營有道。
B、宜室宜家，理財有方。
九五：**王假有家。勿恤。吉。**
A、賀客盈門，蓬華生輝。
B、貴人到來，憂患可解。
上九：**有孚威如。終吉。**
A、戒備森嚴，高枕無憂。
B、器宇軒昂，託付終生。

38.

睽。**小事吉。**
A、同中求異，異中求同。
B、芝麻之事，不爭不鬥。
初九：**悔亡。喪馬勿逐，自復；見惡人，無咎。**
A、失而復得，勇於面對。

B、逕自反省，見怪不怪。

九二：**遇主于巷。無咎。**

A、見機行事，固執不得。

B、反應靈敏，順理成章。

六三：**見輿曳，其牛掣，其人天且劓。無初有終。**

A、前程受阻，繼續努力。

B、雖有缺失，終會改進。

九四：**睽孤遇元夫。交孚，厲，無咎。**

A、職無貴賤，堅持有成。

B、出身寒微，誠信以待。

六五：**悔亡。厥宗噬膚，往何咎？**

A、宗族合作，共享共榮。

B、慎用同宗，亦可有成。

上九：**睽孤。見豕負塗，載鬼一車，先張之弧，後說之弧，匪寇婚媾，往遇雨則吉。**

A、智慮多端，仍獲佳績。

B、用人不疑，疑人勿用。

紅角◇5

39. ䷦ 蹇、解卦、爻辭經文精華解說

蹇。**利西南，不利東北。利見大人，貞吉。**

A、借重經驗，須知變通。

B、知人善用，就地取材。

初六：**往蹇，來譽。**

A、面對險阻，自我挑戰。

B、善加鼓勵，勝過責備。

六二：**王臣蹇蹇，匪躬之故。**

A、內憂外患，一肩承擔。

40.

B、患難之中，始見眞情。

九三：往蹇、來返。

A、前進無望，稍作等待。

B、知難而退，並非莽夫。

六四：往蹇、來連。

A、並肩作戰，衝破難關。

B、借力使力，互蒙其利。

九五：大蹇、朋來。

A、事關重大，同心協力。

B、德化感召，熱烈響應。

上六：往蹇，來碩。吉，利見大人。

A、不分彼此，大量大福。

B、楚材晉用，共創未來。

解。**利西南。無所往，其來復，吉；有攸往，夙吉。**

A、提綱挈領，適得其所。

B、聞雞起舞，前程似錦。

初六：**無咎。**

A、接觸之初，剝絲抽繭。

B、剛柔交際，拿捏得宜。

九二：**田獲三狐，得黃矢。貞吉。**

A、截獲商機，勝過預期。

B、擄獲芳心，人財兩得。

六三：**負且乘，致寇至。貞吝。**

A、不當得利，遭來盜掠。

B、身份不配，終遭羞辱。

九四：**解而拇，朋至斯孚。**

A、見好就收，不可留連。

B、堅信不移，須知分析。

六五：**君子維有解。吉。有孚于小人。**

A、獲利均霑，心服口服。

B、迎刃而解，有福同享。

上六：**公用射隼于高墉之上，獲之。無不利。**

A、順理成章，受之無愧。

B、手到擒來，一切在我。

紅角◇6

損、益卦、爻辭經文精華解說

41. ䷨

損。**有孚，元吉；無咎，可貞。利有攸往，曷之用。二簋可用享。**

A、先施後得，後福無窮。

B、誠心助人，如種福田。

初九：**已事遄往，無咎，酌損之。**

A、燃眉之急，當機立斷。

B、處理明快，辦事俐落。

九二：**利貞，征凶。弗損，益之。**

A、暫無利圖，多做考慮。

B、不得不失，勿下斷語。

六三：**三人行則損一人，一人行則得其友。**

A、合作關係，三人難配。

B、權宜輕重，總有去留。

六四：**損其疾，使遄有喜，無咎。**

A、如釋重負，調整得宜。

B、確實改過，去惡遷善。

六五：**或益之十朋之龜，弗克違。元吉。**

A、利圖多方，水到渠成。

B、經濟優渥，難違美意。

上九：**弗損，益之。無咎，貞吉。利有攸往。得臣無家。**

A、良心事業，行之大利。

B、面面俱到，衆相追求。

42.

益。**利有攸往，利涉大川。**

A、利益衆生，放心去做。

B、値得嘗試，不怕風險。

初九：**利用爲大作。元吉，無咎。**

A、大興土木，更新建設。

B、能幹之才，善加利用。

六二：**或益之十朋之龜，弗克違，永貞吉。王用享于帝。**

A、如獲至寶，長期看好。

B、好的建言，永守不變。

六三：**益之用凶事。無咎，有孚，中行告公用圭。**

A、天然災害，秉公求償。

B、依法行政，合理處置。

六四：**中行告公從，利用爲依遷國。**

A、創造環境，孟母三遷。

B、徵詢認可，付諸行動。

九五：**有孚惠心。勿問，元吉。有孚惠我德。**

A、善有善報，洪福齊天。

B、眞心對待，自有感應。

上九：**莫益之，或擊之，立心勿恒，凶。**

A、求援不得，遷怒環境。

B、行爲偏差，嫉妒成性。

紅角◇7

43. ䷪

夬、姤卦、爻辭經文精華解說

夬。**揚于王庭。孚號，有厲，告自邑，不利即戎，利有攸往。**

A、對簿公堂，小心處理。

B、心腹之患，自我警戒。

初九：**壯于前趾。往不勝為咎。**

A、自不量力，咎由自取。

B、灰頭土臉，不知輕重。

九二：**惕號，莫夜有戎。勿恤。**

A、保全事業，不必擔憂。

B、朝思暮想，全神貫注。

九三：**壯于頄。有凶。君子夬夬獨行，遇雨若濡，有慍，無咎。**

A、顏面受損，獨自反省。

B、一意孤行，時遭屈辱。

九四：**臀無膚，其行次且。牽羊悔亡，聞言不信。**

A、行動困難，難人之言。

B、遲疑不決，不獲信任。

大哉羲皇　竹下

九五：**莧陸夬夬中行。無咎。**

A、運轉正常，左右兼顧。

B、下定決心，無有偏差。

上六：**无號。終有凶。**

A、有苦難言，面對審判。

B、沒話好說，無法挽救。

44. ䷫

姤。**女壯，勿用取女。**

A、不期而遇，不可掠取。

B、心靈受創，難能匹配。

初六：**繫於金柅，貞吉，有攸往，見凶。羸豕孚蹢躅。**

A、不務正業，必遭俘虜。

B、見微知著，本性難移。

九二：**包有魚。無咎，不及賓。**

A、主權在我，不做附庸。

B、積極主動，不利被動。

九三：**臀無膚，其行次且。厲，無大咎。**

A、望塵莫及，徒嘆奈何。

B、行動不便，難以接受。

九四：**包無魚。起凶。**

A、一無所得，應防災難。

B、名不副實，不可取用。

九五：**以杞包瓜，含章，有隕自天。**

A、品質保證，得天獨厚。

B、有才有能，上天垂愛。

上九：**姤其角。吝，無咎。**

A、設限過高，不利進行。

B、曲高和寡，如何共鳴。

紅角◇8

萃、升卦、爻辭經文精華解說

45.

萃。亨，王假有廟，利見大人，亨。利貞，用大牲吉，利有攸往。

A、謝天答地，三牲大禮。

B、拔擢人才，重薪禮聘。

初六：有孚不終，乃亂乃萃，若號，一握爲笑。勿恤，往無咎。

A、集思廣義，混亂難免。

B、握手言歡，冰釋盡解。

六二：引吉。無咎。孚乃利用禴。

A、神授指引，獲利報恩。

B、貴人引薦，知恩圖報。

六三：萃如，嗟如。無攸利，往無咎，小吝。

A、共謀無利，不可鐵齒。

B、哀聲嘆氣，用之不得。

九四：**大吉，無咎。**

A、諸事大吉，財不露白。

B、配合無間，嚴守分寸。

九五：**萃有位。無咎，匪孚，元永貞，悔亡。**

A、投資得宜，可以確保。

B、身居要位，不分尊卑。

上六：**齎咨涕洟。無咎。**

A、地位不保，心有準備。

B、觸景傷情，不禁落淚。

46.

升。**元亨。用見大人，勿恤，南征吉。**

A、晉升有望，向南發展。

B、如魚得水，可以選用。

初六：**允升。大吉**。

A、順勢攀升，繼續發展。

B、衆人推舉，得心應手。

九二：**孚乃利用禴。無咎**。

A、充滿信心，須知回饋。

B、誠信之人，得以任用。

九三：**升虛邑**。

A、百尺竿頭，更進一步。

B、虛以受人，百無禁忌。

六四：**王用亨于岐山。吉，無咎**。

A、凱旋歸來，殷薦祖考。

B、有恩必報，飲水思源。

六五：**貞吉。升階**。

A、論功行賞，地位崇高。

B、步步高升，備受禮遇。

上六：**冥升。利于不息之貞。**

A、研發升級，永無止息。

B、勤奮不懈，精神可嘉。

紅角◇9

困、井卦、爻辭經文精華解說

47. ䷮

困，**亨。貞大人吉，無咎。有言不信。**

A、龍困淺灘，有苦難言。

B、患難相交，勿生怨尤。

初六：**臀困于株木，入于幽谷，三歲不覿。**

A、受陷已深，三年不解。

B、雖處逆境，未必絕望。

九二：困于酒食，朱紱方來。利用亨祀，征凶，無咎。

A、天理昭彰，賞罰分明。

B、化險爲夷，止步觀望。

六三：困于石，據于蒺藜，入于其宮，不見其妻。凶。

A、明知違法，造次必凶。

B、不辨善惡，妻離子散。

九四：來徐徐，困于金車。吝，有終。

A、拘束緩解，靜待脫困。

B、値得商議，將功補罪。

九五：劓刖，困于朱紱，乃徐有說。利用祭祀。

A、不安獲解，酬神還願。

B、網開一面，祖上有德。

上六：困于葛藟，于臲卼。曰動悔，有悔，征吉。

A、身處險境，順勢而動。

B、傍徨不安，且盡人事。

48.

井。**改邑不改井，無喪無得。往來井井，汔至，亦未繘井，羸其瓶。凶。**

A、維護傳統，懈怠必凶。

B、不思改進，失修欠和。

初六：**井泥不食，舊井無禽。**

A、荒廢不修，了無生機。

B、不知進取，勞燕分飛。

九二：**井谷射鮒，甕敝漏。**

A、積弊日深，累及無辜。

B、頹廢之至，有待振興。

九三：**井渫不食，爲我心惻。可用汲。王明並受其福。**

A、滄海遺珠，極力爭取。

B、有才不施，難寄厚望。

六四：**井甃。無咎。**

A、技術改良，除舊佈新。

B、懂得修治，不計前嫌。

九五：**井洌，寒泉食**。

A、清涼有勁，廣受歡迎。

B、一股清流，銘感五內。

上六：**井收勿幕**。**有孚，元吉**。

A、舊雨新知，川流不息。

B、應對如流，大受歡迎。

梅花♣A

革、鼎卦、爻辭經文精華解說

49. ䷰

革。**巳日乃孚**，**元亨**。**利貞**，**悔亡**。

A、黃道吉日，天人共襄。

B、一切自然，希望相隨。

初九：**鞏用黃牛之革**。

A、加強準備，蓄勢待發。

B、行動之初，馬虎不得。

六二：**巳日乃革之，征吉，無咎**。

A、時機成熟，有利改革。

B、選對時辰，忠誠以告。

九三：**征凶。貞厲。革言三就，有孚**。

A、一波三折，克服成功。

B、冷靜思考，研議再三。

九四：**悔亡，有孚，改命吉**。

A、同心協力，變革成功。

B、適度調整，得到認同。

九五：**大人虎變，未占有孚**。

A、掌握優勢，無往不利。

B、直覺判斷，信心滿滿。

上六：**君子豹變，小人革面。征凶，居貞吉。**

A、各安其份，稍作休息。

B、洗心革面，且守勿攻。

50. ䷱

鼎。**元吉，亨。**

A、權力象徵，多所任用。

B、一言九鼎，不斷取新。

初六：**鼎顛趾，利出否。得妾以其子，無咎。**

A、利空出盡，得其所願。

B、去除故弊，新納才子。

九二：**鼎有實，我仇有疾，不我能即。吉。**

A、既得利益，不被分奪。

B、眞才實學，鮮有對手。

九三：**鼎耳革，其行塞，雉膏不食，方雨虧悔。終吉。**

A、錯誤判斷，幸虧解厄。

B、知錯能改，終能得吉。

九四：**鼎折足，覆公餗，其形渥。凶。**

A、嚴重失誤，不堪設想。

B、糊裏糊塗，不可收拾。

六五：**鼎黃耳，金鉉。利貞。**

A、同舟共濟，一舉成功。

B、用盡心思，終於成功。

上九：**鼎玉鉉。大吉，無不利。**

A、加冠晉祿，雙喜臨門。

B、完美無缺，接近完人。

51. ䷲

震。**亨。震來虩虩，笑言啞啞。震驚百里，不喪匕鬯。**

A、根基健全，不受影響。

B、面對突然，應變自如。

初九：**震來虩虩，後笑言啞啞。**

A、有驚無險，恢復很快。

B、鎮定自若，一笑置之。

六二：**震來厲，億喪貝。躋于九陵，勿逐，七日得。**

A、受到波及，先損後益。

B、不夠鎮定，運氣尚佳。

六三：**震蘇蘇。震行無眚。**

A、所傷不重，復原可行。

B、遠離恐懼，慢慢甦醒。

九四：**震遂泥。**

A、劇烈震盪，不動即滅。

B、意識不清，設法改善。

六五：**震往來厲。億無喪有事。**

A、嚴重衝擊，尚有要事。

B、雄心壯志，接受考驗。

上六：**震索索，視矍矍，征凶。震不于其躬，于其鄰，無咎，婚媾有言。**

A、膽識不足，難成其事。

B、身心欠佳，姻緣且慢。

52.

艮。**艮其背不獲其身，行其庭不見其人。無咎。**

A、有得有失，顧前失後。

B、反身自省，以靜制動。

初六：**艮其趾。無咎。利永貞。**

A、底部健康，永久不衰。

B、專一致志，且能持久。

六二：**艮其腓。不拯其隨，其心不快。**

A、違反自然，有礙健康。

B、太過刻意，不得歡心。

九三：**艮其限，列其夤。厲熏心。**

A、通過關卡，意外收穫。

B、層層考驗，心領神會。

六四：**艮其身。無咎。**

A、通過健檢，健康無礙。

B、瞭若指掌，及於身內。

六五：**艮其輔，言有序。悔亡。**

A、循序漸進，輔助有成。

B、左右共治，條條有理。

上九：**敦艮。吉。**

A、敦實豐厚，圓滿境界。

B、天人合一，和樂融融。

梅花♣3

漸、歸妹卦、爻辭經文精華解說

53. ䷴

漸。**女歸吉，利貞。**

A、選擇正確，有利可圖。

B、乘龍快婿，美好歸宿。

初六：**鴻漸于干。小子厲，有言，無咎。**

A、學習成長，虛心受教。

B、涉世未深，有待磨練。

六二：**鴻漸于磐，飲食衎衎。吉。**

A、基礎穩固，健康快樂。

B、穩重正派，可以同樂。

九三：**鴻漸于陸，夫征不復，婦孕不育。凶，利禦寇。**

A、不計成敗，只爲理想。

B、離鄉背景，空等未歸。

六四、**鴻漸于木，或得其桷。無咎。**

A、良禽擇木，待機而動。

B、多做比較，適才適配。

九五：**鴻漸于陵，婦三歲不孕，終莫之勝，吉。**

A、超越世俗，獲得勝利。

B、體諒包容，堅持到底。

上九：**鴻漸于陸，其羽可用爲儀。吉。**

A、飛黃騰達，競相模仿。

B、儀表出衆，可做榜樣。

54. ䷵

歸妹。**征凶，無攸利。**

A、冒險手段，無利可圖。
B、勉強接受，沒好結果。
初九：**歸妹以娣，跛能履。征吉。**
A、五五勝算，可以進行。
B、要求不多，漸入佳境。
九二：**眇能視。利幽人之貞。**
A、取長補短，還算合理。
B、身份相配，心滿意足。
六三：**歸妹以須，反歸以娣。**
A、偷雞不成，丟蝕把米。
B、濫竽充數，誠信不足。
九四：**歸妹衍期，遲歸有時。**
A、待價而沽，期望如願。
B、選好對象，必須等候。
六五：**帝乙歸妹，其君之袂，不如其娣之袂良。月幾望，吉。**

A、選對商機，勝過名牌。

B、人才歸宿，首重品德。

上六：**女承筐無實，士刲羊無血。無攸利。**

A、左支右絀，困窘萬分。

B、人無准實，不宜匹配。

梅花♣4

豐、旅卦、爻辭經文精華解說

55. ䷶

豐。**亨。**王**假**之，**勿憂，**宜日中。

A、隆重開幕，宜選吉日。

B、貴客臨門，有利無弊。

初九：**遇其配主。雖旬，無咎，往有尚。**

A、童叟無欺，口碑相傳。

B、志同道合，勢均力敵。

六二：豐其蔀，日中見斗，往得疑疾，有孚發若。吉。

A、過分掩飾，患得患失。

B、過度保護，憂鬱待解。

九三：豐其沛，日中見沫，折其右肱。無咎。

A、難逃厄運，斷尾求生。

B、是才招嫉，就算修行。

九四：豐其蔀，日中見斗，遇其夷主。吉。

A、利益分霑，共襄盛舉。

B、平起平坐，地位相當。

六五：來章，有慶譽。吉。

A、金玉滿堂，人人慶譽。

B、大有來頭，額手稱慶。

上六：豐其屋，蔀其家，窺其戶，闃其無人，三歲不覿，凶。

A、家道中落，不見起色。

B、蓬頭垢面，一籌莫展。

56. ䷷

旅。**小亨，旅貞，吉。**

A、小本經營，商旅愉快。

B、異地姻緣，可以配合。

初六：**旅瑣瑣，斯其所取災。**

A、出門在外，因小失大。

B、小家子氣，招來災禍。

六二：**旅即次，懷其資，得童僕。貞……**

A、不勞而獲，人才兩得。

B、意外之喜，禍福未定。

九三：**旅焚其次，喪其童僕。貞厲。**

A、得而復失，尚有餘殃。

B、來意不正，必受連累。

九四：**旅于處，得其資斧，我心不快。**

A、交易所得，心有不足。

B、評量結果，難能如意。

六五：**射雉，一矢亡，終以譽命。**

A、百發百中，功成名就。

B、一語中的，廣受歡迎。

上九：**鳥焚其巢，旅人先笑後號咷，喪牛于易。凶。**

A、貪慾敗家，付之一炬。

B、不知自制，毀於一旦。

梅花♣5

巽、兌卦、爻辭經文精華解説

57. ䷸

巽。小亨。**利有攸往，利見大人。**

A、將本求利，逐步壯大。

B、神機妙順，可以追隨。

初六：**進退。利武人之貞**。

A、猶疑之際，責無旁貸。

B、人事去留，應該果斷。

九二：**巽在床下，用史巫紛若。吉，無咎**。

A、不拘形式，合理解決。

B、借助經驗，謹慎處置。

九三：**頻巽。吝**。

A、愁眉不展，面有難色。

B、意志不堅，不見好轉。

六四：**悔亡，田獲三品**。

A、撥雲見日，獲益增多。

B、屈指一算，等級不錯。

九五：**貞吉，悔亡，無不利。無初有終，先庚三日，後庚三日，吉**。

A、審慎評估，厚利在後。

B、態度恭敬，結局完美。

上九：**巽在床下，喪其資斧。貞凶。**

A、喪失本能，可想知凶。

B、懦弱無能，時運不濟。

58. ䷹

兌。**亨**。**利貞**。

A、笑顏逐開，樂見事實。

B、歡悅之心，人見人愛。

初九：**和兌**。**吉**。

A、和氣生財，美不勝收。

B、和顏悅色，多麼好吔。

九二：**孚兌**。**吉**，**悔亡**。

A、心存誠信，無有詐欺。

B、以誠相待，沒有怨言。

六三：**來兌。凶**。

A、招來非議，形象受損。

B、自送美意，必有所圖。

九四：**商兌未寧，介疾有喜**。

A、狀況發生，盡速化解。

B、誤會難免，去之爲快。

九五：**孚于剝。有厲**。

A、談判過程，剝削難免。

B、拿出誠意，各退一步。

上六：**引兌**。

A、爭取主動，因地制宜。

B、引導方式，容易接受。

59. 渙、節卦、爻辭經文精華解說

䷺

渙。亨，王假有廟，利涉大川，利貞。

A、風險已現，應速遠離。

B、發覺有異，須知避害。

初六：**用拯馬壯。吉。**

A、馬不停蹄，自求多福。

B、防患未然，明哲保身。

九二：**渙奔其几。悔亡。**

A、脫離險境，傷害不深。

B、有感威脅，不致受害。

六三：**渙其躬，無悔。**

A、自力救濟，還來得及。

B、無私無畏，休戚相關。

六四：**渙其群。元吉。渙其丘，匪夷所思。**

A、同舟共濟，扭轉危勢。

B、壯志凌雲，豈非常人。

九五：**渙汗其大號，渙王居。無咎。**

A、雨過天青，記取教訓。

B、非常時期，特殊處理。

上九：**渙其血去，逖出，無咎。**

A、災害遠離，不再憂慮。

B、遠離糾纏，出去就好。

60.

節。**亨。苦節不可貞。**

A、合乎體制，不可過分。

B、稍加控制，並無不可。

初九：**不出戶庭。無咎。**

A、開源節流，不可妄洩。
B、口風謹慎，避免禍出。
九二：**不出門庭**。**凶**。
A、延誤時機，災難臨頭。
B、苟且偷安，帶來禍患。
六三：**不節若，則嗟若**。**無咎**。
A、維護體制，加強規範。
B、行為偏差，應訓免患。
六四：**安節**。**亨**。
A、按步就班，諸事亨通。
B、安分守己，相處愉快。
九五：**甘節**。**吉，往有尚**。
A、中規中矩，平步青雲。
B、面面俱到，推崇者衆。
上六：**苦節**。**貞凶，悔亡**。

A、制度不佳，須知改進。

B、苦於束縛，設法脫離。

梅花♣7

61. ䷼

中孚卦、爻辭經文精華解說

中孚。**豚魚吉，利涉大川，利貞。**

A、利益眾生，勇往直前。

B、發自內心，無不相應。

初九：**虞吉。有它不燕。**

A、心專則利，疑則不安。

B、一旦相信，就不二心。

九二：**鳴鶴在陰，其子和之，我有好爵，吾與爾靡之。**

A、彼此呼應，有福同享。

B、心靈相通，不醉不歸。

六三：得敵，或鼓或罷或泣或歌。

A、物競天擇，可歌可泣。

B、狀況不同，反應各異。

六四：月幾望，馬匹亡。無咎。

A、物換星移，自然淘汰。

B、月圓之時，情緒高亢。

九五：有孚攣如。無咎。

A、信誠結合，可免憂患。

B、物以類聚，伉儷情深。

上九：翰音登于天。貞凶。

A、商機外洩，大傷元氣。

B、不祥之聲，顯示凶象。

梅花♣8

小過卦、爻辭經文精華解說

62. ䷽

小過。**亨。利貞。可小事，不可大事。飛鳥遺之音，不宜上，宜下，大吉。**

A、如度小月，小事大利。

B、唯才適用，大智若愚。

初六：**飛鳥以凶。**

A、訊息不良，所以取凶。

B、一時不察，因此損失。

六二：**過其祖，遇其妣；不及其君，遇其臣。無咎。**

A、過與不及，適中則可。

B、恰如其分，知所進退。

九三：**弗過，防之；從或戕之。凶。**

A、存心不良，反受其害。

B、小心提防，暗中傷人。

九四：無咎。弗過，遇之，往厲必戒，勿用永貞。

A、不涉非法，自始自終。

B、避免禍害，永不錄用。

六五：密雲不雨，自我西郊。公弋取彼在穴。

A、掌握時機，探囊取物。

B、善於觀察，心想事成。

上六：弗遇，過之；飛鳥離之，凶。是謂災眚。

A、難逃法網，天災人禍。

B、剛愎自用，天理不容。

梅花♣9

既濟、未濟卦、爻辭經文精華解説

63. ䷾

既濟。亨小利貞。初吉終亂。

A、創業惟艱，守成不易。

B、分久必合，合久必亂。

初九：**曳其輪，濡其尾，無咎。**

A、成就之後，固守爲重。

B、成就之時，行爲如常。

六二：**婦喪其茀，勿逐。七日得。**

A、改紘易轍，時來運轉。

B、失而復得，自有安排。

九三：**高宗伐鬼方，三年克之，小人勿用。**

A、破釜沈舟，提防小人。

B、耐心等待，暫時勿用。

六四：**繻有衣袽，終日戒。**

A、戒備周延，滴水不漏。

B、無懈可擊，時時提醒。

九五：**東鄰殺牛，不如西鄰之禴祭，實受其福。**

A、審時度勢，不被利誘。

B、權宜貴賤，誠意受福。

上六：**濡其首。厲**。

A、福份已盡，可知危險。

B、樂極生悲，要當心哦。

64. ䷿

未濟。**亨，小狐汔濟，濡其尾，無攸利**。

A、經驗不足，濟度困難。

B、童言無忌，不可輕信。

初六：**濡其尾，吝**。

A、能力不及，不可救藥。

B、乳臭未乾，不知好歹。

九二：**曳其輪，貞吉**。

A、枕戈待旦，固守則吉。

B、懸崖勒馬，難能可貴。

六三：**未濟，征凶，利涉大川。**

A、逼上梁山，險中求勝。

B、事到如今，盡力交涉。

九四：**貞吉，悔亡，震用伐鬼方，三年有賞于大國。**

A、反敗爲勝，得到賞賜。

B、痛定思痛，應付自如。

六五：**貞吉，無悔，君子之光，有孚，吉。**

A、勝券在握，水到渠成。

B、榮景可期，樂不可支。

上九：**有孚，于飲酒，無咎，濡其首，有孚失是。**

A、慶功喜宴，須知克制。

B、得意忘形，形象受損。

黑桃♠10

太極生兩儀，兩儀生四象，四象生八卦。

《周易・繫辭傳・上》：「是故，《易》有太極，是生兩儀，兩儀生四象，四象生八卦，八卦定吉凶，吉凶生大業。」老子《道德經・第42章》：「道生一，一生二，二生三，三生萬物。萬物負陰而抱陽，沖氣以爲和。」

這是指一切自然的生成，均是有陰陽相對立而統一的。伏羲始作八卦，乃仰觀天文，俯察地理，觀鳥獸之文與地之宜，近取諸身，遠取諸物，將萬事萬物，縮影在三畫卦的排列順序裡。依序爲：乾（☰）三連，兌（☱）上缺，離（☲）中虛，震（☳）仰盂，巽（☴）下斷，坎（☵）中滿，艮（☶）覆碗，坤（☷）六斷。

口訣：是讓初學者進入《易經》八卦的入門功夫，有如九九乘法，很自然的去體會基礎的概念，加速對八卦記憶與應用。

一、**乾三連：☰乾象天**，無邊無際，沒有任何中斷，有如海天連成一線。

二、**兌上缺：☱兌象澤**，有一缺口，可讓水流入，而匯聚成沼澤。

三、**離中虛：☲離象火**，電燈泡、燈管，因中間空虛才能發出光。

四、**震仰盂：☳震象雷**，盛液體之用具，如水盂，象徵處變而不驚，不致翻倒。

五、**巽下斷：☴巽象風**，風是無孔不入，如人睡覺蓋棉被，風會從腳底下吹進去。

六、**坎中滿：☵坎象水**，水的象形字『巛』，水流中間是不斷的，才能流入大海。

七、**艮覆碗：☶艮象山**，山是一堆高高低低的土山丘所形成的。

八、**坤六斷：☷坤象地**，大地是一段一段有所區隔，以利區分與種植。

黑桃♠J

先天八卦、河圖九宮、紫白賦

《周易・說卦傳》：「天地定位，山澤通氣，雷風相薄，水火不相射，八卦相錯，**數往者順，知來者逆，是故《易》，逆數也。**」

先天主氣，後天主運。乾爲天，高高在上；坤爲地，謙卑在下，有一定的地位。艮爲山，兌爲澤，山指大陸，澤指海洋，兩氣交往相通，形成季風。震爲雷，巽爲風，雷風互相逼迫而產生動力。坎爲水，離爲火，這裡指冬天寒冷的季節與夏天炎熱的氣候是互不干涉，而是相互遞換的。以上八卦是**乾一、坤九合爲十，兌四、艮六合爲十，巽二、震八合爲十，離三、坎七合爲十，四組相互交錯而相應**。要知道過去的事理，須從順推，想預知未來的事理，就要逆測，《易經》**就是用卜筮來決斷未來的吉與凶，所以《易經》是要用逆推的方法來測知天、地、人、世間一切的事理。**

八卦五行所屬：**乾兌兩宮象金，離宮象火，震巽兩宮象木，坎宮象水，艮坤兩宮象土**。以上八宮五行主要是用在**梅花易數的體與用之相生相剋**，以作為推論事物吉凶悔吝的依據。

卦氣口訣：**陽從左邊團團轉，陰從右邊轉相通。九四三八二七六一。所以四九為友，三八為朋，二七同道，一六共宗，形成四大理氣，同氣相求，同聲相和。紫白飛星賦是根據河圖九宮口訣（戴九履一、左三右七、二四為肩、六八為足、五為腹心）**，符合「**九紫、八白、七赤、六白、五黃、四綠、三碧、二黑、一白**」等九數七色，就是當今的九宮九星的代表符號。

黑桃♠Q

後天八卦、九星三元九運

《周易・說卦傳》：「萬物出乎震，**震東方也**。齊乎巽，**巽東南也**，齊也者，言萬物之潔齊也。**離也者明也**，萬物皆相見，**南方之卦也**。聖人南面而聽天下，向明而治，蓋取諸此也。坤也者地也，萬物皆致養焉，故曰致役乎坤，**坤**，**西南之卦也**。兌，正秋

也，萬物之所說也，故曰說乎兌，兌，正西之卦也。戰乎乾，乾，西北之卦也，言陰陽相薄也。坎者水也，正北方之卦也，勞卦也，萬物之所歸也，故曰勞乎坎。艮，東北之卦也，萬物之所終而所成始也，故曰成言乎艮。」

《周易・說卦傳》：「乾，天也，故稱乎父。坤，地也，故稱乎母。震，一索而得男，故謂之長男。巽，一索而得女，故謂之長女。坎，再索而得男，故謂之中男。離，再索而得女，故謂之中女。艮，三索而得男，故謂之少男。兌，三索而得女，故謂之少女。」

後天八卦九運依序為：一白坎水，二黑坤土，三碧震木，四綠巽木，中宮五黃，六白乾金，七赤兌金，八白艮土，九紫離火。

三元九運，分上、中、下三元，各管六十年，共一百八十年。例如：民國前四十八年至民國十二年為上元，民國十三年至民國七十二年為中元，民國七十三年至民國一百三十二年為下元。上元運，一坎二坤三震各管二十年，中元運，四巽六乾各管三十年，下元運，七兌八艮九離各管二十年。往後依此類推循環。

八卦・相盪（六十四卦象解說）

這是兩卦重疊成的六畫卦，共有六十四卦，爻有三百八十四爻。

一、䷀乾為天：象剛健光明，自強不息。

䷉天澤履：象上下名份，各尊禮儀。

䷌天火同人：象方以類聚，物以群分。

䷘天雷無妄：象物與無妄，時育萬物。

䷫天風姤：象天下有風，不期而遇。

䷅天水訟：象天水違行，慎謀其始。

䷠天山遯：象以遠小人，急流勇退。

䷋天地否：象天地不交，否極則反。

二、䷪澤天夬：象為富不仁，必至潰決。

䷹兌為澤：象朋友講習，不亦樂乎。

䷰澤火革：象大勢所趨，順應潮流。

䷐澤雷隨：象出入息作，悉隨時便。

澤風大過：象大難當前，節哀順變。

澤水困：象臨危受命，創造生機。

澤山咸：象兩情相悅，虛心相受。

澤地萃：象萃聚知治，異心乃亂。

三、火天大有：象火在天上，隱惡揚善。

火澤睽：象異中求同，同中求異。

離爲火：象光明美麗，永照大地。

火雷噬嗑：象勢合權變，賞善罰惡。

火風鼎：象利市豐贍，普遍均霑。

火水未濟：象六爻失位，一切重來。

火山旅：象客旅他鄉，步步小心。

火地晉：象日照大地，萬物精進。

四、雷天大壯：象聲勢壯大，非禮弗行。

雷澤歸妹：象陰陽合和，當知其弊。

雷火豐：象木火通明，飽滿豐盛。

震爲雷：象恐懼修省，處變不驚。

雷風恆：象自然萬物，唯變所適。

雷水解：象旱逢甘霖，赦過宥罪。

雷山小過：象過與不及，爲所當爲。

雷地豫：象作樂崇德，有備無患。

五、風天小畜：象以小積大，未雨綢繆。

風澤中孚：象雛雞孵蛋，虛心誠實。

風火家人：象風自火出，言必有物。

風雷益：象見善則遷，有過則改。

巽爲風：象深思熟慮，順命行事。

風水渙：象離散重聚，慎終追遠。

風山漸：象賢德善俗，日積月累。

風地觀：象感化民風，四時不忒。

六、水天需：象需於酒食，互蒙其利。

水澤節：象自我調適，定制規範。

水火既濟：象事已成就，慎防終亂。

水雷屯：象萬物始生，各盡其能。

水風井：象井泉永續，汰舊換新。

坎爲水：象險中生智，不斷學習。

水山蹇：象山高水深，反身修德。

水地比：象水土相親，密不可分。

七、山天大畜：象蓄積天德，光輝日盛。

山澤損：象懲忿窒慾，當省則省。

山火賁：象文明以飾，化成天下。

山雷頤：象謹慎言語，節制飲食。

山風蠱：象整飭民心，培育美德。

山水蒙：象山泉始出，童蒙待教。

艮爲山：象不在其位，不謀其事。

山地剝：象剝蝕合宜，厚下安宅。

八、地天泰：象天地相交，萬物通達。

地澤臨：象君臨天下，同甘共苦。

地火明夷：象明入地中，韜光養晦。

地雷復：象反復其道，生生不息。

地風升：象積小以高，日有長進。

地水師：象師出有律，容民蓄眾。

地山謙：象謙卑自牧，公平以待。

坤爲地：象廣土眾民，順天承運。

紅桃♥10

六十四卦序歌訣解說

《周易・序卦傳》：上經：「有天地，然後萬物生焉，盈天地之間者唯萬物故受以《**屯**》。屯者物之所生也，物生必蒙，故受之以《**蒙**》。蒙者，蒙也，物之穉也。物穉不可不養也，故受之《**需**》。需者，飲食之道也。飲食必有訟，故受之以《**訟**》。訟必有眾起，故受之以《**師**》。師者，眾也，眾必有所比，故受之以《**比**》。比者，比也，

比必有所畜，故受之以《**小畜**》。物畜然後有禮，故受之以《**履**》。履者，禮也。履而泰然後安，故受之以《**泰**》。泰者，通也。物不可以終通，故受之以《**否**》。物不可以終否，故受之以《**同人**》。與人同者，物必歸焉，故受之以《**大有**》。有大者不可以盈，故受之以《**謙**》。有大而能謙必豫，故受之以《**豫**》。豫必有隨，故受之以《**隨**》。以喜隨人者必有事，故受之以《**蠱**》。蠱者，事也。有事而後可大，故受之以《**臨**》。臨者，大也。物大然後可事而後可大，故受之以《**臨**》。臨者，大也。物大然後可觀，故受之以《**觀**》。可觀而後有所合，故受之以《**噬嗑**》。噬者，合也。物不可苟合而已，故受之以《**賁**》。賁者，飾也。致飾然後亨則盡矣，故受之以《**剝**》。剝者，剝也。物不可以終盡，剝，窮上反下，故受之以《**復**》。復則不妄矣，故受之以《**无妄**》。有无妄，然後可畜，故受之以《**大畜**》。物畜然後可養，故受之以《**頤**》。頤者，養也。不養則不可動，故受之以《**大過**》。物不可以終過，故受之以《**坎**》。坎者，陷也。陷必有所麗，故受之以《**離**》。離者，麗也。」下經：「有天地然後有萬物，有萬物然後有男女，有男女然後有夫婦，有夫婦然後有父子，有父子然後有君臣，有君臣然後有上下，有上下然後禮義有所錯。夫婦之道不可以不久也，故受之以《**恆**》。恆者，久也。物不可久居其所，故受之以《**遯**》。遁者，退也。物不可以終

遯，故受之以《**大壯**》。物不可以終壯，故受之以《**晉**》。晉者，進也。進必有所傷，故受之以《**明夷**》。夷者，傷也。傷於外者必反其家，故受之以《**家人**》。家道窮必乖，故受之以《**睽**》。睽者，乖也。乖必有難，故受之以《**蹇**》。蹇者，難也。物不可以終難，故受之以《**解**》。解者，緩也。緩必有所失，故受之以《**損**》。損而不已必益，故受之以《**益**》。益而不已必決，故受之以《**夬**》。夬者，決也。決必有遇，故受之以《**姤**》。姤者，遇也。物相遇然後聚，故受之以《**萃**》。萃者，聚也。聚而上者謂之升，故受之以《**升**》。升而不已必困，故受之以《**困**》。困乎上者必反下，故受之以《**井**》。井道不可不革，故受之以《**革**》。革物者莫若鼎，故受之以《**鼎**》。主器者莫若長子，故受之以《**震**》。震者，動也。物不可以終動，止之，故受之以《**艮**》。艮者，止也。物不可以終止，故受之以《**漸**》。漸者，進也。進必有所歸，故受之以《**歸妹**》。得其所歸者必大，故受之以《**豐**》。豐者，大也。窮大者必失其所居，故受之以《**旅**》。旅而無所容，故受之以《**巽**》。巽者，入也。入而後說之，故受之以《**兌**》。兌者，說也。說而後散之，故受之以《**渙**》。渙者，離也。物不可以終離，故受之以《**節**》。節而信之，故之以《**中孚**》。有信者必行之，故受之以《**小過**》。有過物者必濟，故受之以《**既濟**》。物不可窮也，故受之以《**未濟**》。終焉。」

紅桃♥J

八宮六十四卦排序、安世應訣解說

乾爲天。天風姤。天山遯。天地否。風地觀。山地剝。火地晉。火天大有。乾宮八卦皆屬金。

坎爲水。水澤節。水雷屯。水火既濟。澤火革。雷火豐。地火明夷。地水師。坎宮八卦皆屬水。

艮爲山。山火賁。山天大畜。山澤損。火澤睽。天澤履。風澤中孚。風山漸。艮宮八卦皆屬土。

震爲雷。雷地豫。雷水解。雷風恆。地風升。水風井。澤風大過。澤雷隨。震宮八卦皆屬木。

巽爲風。風天小畜。風火家人。風雷益。天雷無妄。火雷噬嗑。山雷頤。山風蠱。巽宮八卦皆屬木。

離爲火。火山旅。火風鼎。火水未濟。山水蒙。風水渙。天水訟。天水同人。離宮

八卦皆屬火。

坤為地。地雷復。地澤臨。地天泰。雷天大壯。澤天夬。水天需。水地比。坤宮八卦皆屬土。

兌為澤。澤水困。澤地萃。澤山咸。水山蹇。地山謙。雷山小過。雷澤歸妹。兌宮八卦皆屬金。

安世應訣

八卦之首世六當，已上初爻輪上颺，游魂八宮四爻立，歸魂八卦三爻詳。

世應相生相剋空亡動靜訣

世應相生則吉，世應相剋則凶，世應比和事卻中。作事謀為可用，應動他人反變，應空他意難同，世空動我心慵，只恐自家懶動。

紅桃♥Q

納甲裝卦歌、金錢卦五行易代入法解說

所謂「**納甲**」，就是把十天干（甲、乙、丙、丁、戊、己、庚、辛、壬、癸）納入八卦六爻之中。如乾納甲壬，是因爲陰曆十五日爲「望」，月圓出於東方甲的方位；此時月的盈滿和陽象最爲盛與乾「☰」之形相似，同時月爲太陰，壬爲水之精，所以**乾卦納「甲」「壬」**。

十六日月亮開始虧缺，陰象始生，這一天在平旦之時，月落於西方辛的方位，這時月由盈轉虧，和一陰初生之巽卦畫「☴」相像，所以**巽卦納「辛」**。

二十三日月亮爲下弦，半圓形的月在平日時，消失於南方丙的位置，此時月的陰象倍增於巽，和艮「☶」的卦畫相近似，所以**艮卦納「丙」**。

三十日爲晦，月亮不見了，於黃昏之時即消失在東方乙的位置。此時陰象全黯，與坤「☷」卦的卦畫相似；又因爲癸爲陽之精，所以**坤卦納「乙」「癸」**。

初三月亮黃昏日暮時，初月出現在西方庚的位置，月初的形象彎細如鉤，象震「☳」卦一陽初生，所以**震卦納「庚」**。

初八日月亮爲上弦，於黃昏之時出現在南方丁的位置，象兌「☱」卦二陽重生，所

以兌卦納「丁」。《周易・繫辭上》「法象莫大乎天地，變通莫大乎四時，懸象著明莫大乎日月」。離爲日，坎爲月，日月居中，中央爲戊己土，戊爲陽土，坎爲中陽，故坎卦納「戊」。己爲陰土，離爲中陰，故離卦納「己」。

納甲裝卦最主要用在「五行易」亦稱「火珠林法」；六爻卦法，一般稱「文王卦」。以上的基本架構，建立在八卦納甲的基礎上。起卦的工具一般以錢幣替代蓍草，起卦簡單，斷卦就不容易。其斷卦的特點是先求出內卦次求外卦，合成一卦。再配以卦中六爻之五行，充分將五行發揮生、剋、制、化、刑、合的關係，再運用「卜筮正宗」的用神制例來判讀所占問之事，作出邏輯性的推斷。如定「八宮」及「世、應、卦身、六親、六神」等，排列組合，配合卜筮當下之日、月和卦爻變動及外應與不特定現象，來推斷趨吉避凶之處置。此階段已是中級研究象數易的層次了。

紅桃♥K

六十甲子排列組合解說

論六十甲子納音、本六十律旋相爲宮法也。一律含五音，凡氣始於東方而右行，音

起於西方而左行，陰陽相錯而生變化，所謂氣始於東方者，四時始於木，右行傳於火，火傳於土，土傳於金，金傳於水，所謂音起於西方者，五行始於金，左旋傳於火，火傳於木，木傳於水，水傳於土。納音與納甲同法，乾納甲，坤納癸，始於乾而終於坤。納音始於金，金，乾也；終於土，土、坤也。五行之中，惟有金鑄而爲器，則音聲彰，故納音所以先金。白虎通曰：「鐘，兌者也。」納音之法，同法娶妻，隔八生子，律呂相生之法也。甲子金之仲，同位娶乙丑，隔八下生壬申金之孟，下皆倣此。以上參閱三命通會。

以卜筮法中講、六十甲子是不可或缺的，依據農民曆或通書查出六十甲子之干支，做爲成卦後的依據判斷，如甲子來說，甲干是用在起六神、如甲乙日起青龍，丙丁起朱雀，戊干起勾陳，己干起騰蛇，庚辛日起白虎，壬癸日起玄武。子日五行屬水，與丑爻相合，與卯爻相刑，與申辰戌三合，與午爻相沖破。甲子旬中空之在戌亥、餘皆倣此。所以六十甲子的排列組合，在卜筮之中具有絕對關係的地位，尤其在五行生、剋、制、化、刑、沖、合、破中做爲判斷吉凶之依據，以及應期之實現，做出心理之預期準備，做出最合理之期待與面對。

紅角◇10

五行相生圖、五行相剋圖解說

五行者，往來乎天地之間而不窮者也，是故謂之行。北方陰極而生寒，寒生水。南方陽極而生熱，熱生火。東風散以泄而生風，風生木。西方陰止以收生燥，燥生金。中央陰陽交而生濕，濕生土。其相生也，所以相維；其相剋也，所以相制。此之謂有倫。火爲太陽，性炎上；水爲太陰，性潤下；木爲少陽，性騰上而無所止；金爲少陰，性沉下而有所止；土無常性，視四時所乘。欲使相濟得所，勿令太過與不及。夫五行之性，各致其用；水者其性智，火者其性禮，木者其性仁，金者其性義，惟土主信，重厚寬博，無所不容。以之水則水附之而行，以之木則木托之而生，金不得土則無自出，火不得土則無自歸，必損實以爲通，致虛以爲明、故五行皆賴土也。推其形色，則水黑、火赤、木青、金白、土黃，此正色也。其數則水一、火二、木三、金四、土五。夫萬物負陰而抱陽，沖氣以爲和，過與不及、皆爲乖違，故高者抑之使平，下者舉之使崇，或益其不及，或損其太過，所以貴在折衷，歸於中道。使無有餘不足之累。（以上摘自三命通會）

碎金賦

子動生財不宜父擺，兄動克財子動能解；財動生鬼切忌兄搖，子動克鬼財動能消；父動生兄忌財相克，鬼動克兄父動能泄；鬼動生父忘子交重，財動克父鬼動能中；兄動生子忌鬼搖揚，父動克子兄動無妨；子興克鬼父動無妨，若然兄動鬼必遭傷；財動克父兄動無憂，若然子動父命難留；父動克子財動無事，若是鬼興其子必死；鬼興克兄子動可救，財若交重兄弟不久；兄興克財鬼興無礙，若是父與財遭克售，本支皆言生剋制化之剋，以明凶中藏吉，吉內藏凶耳。如金動本生水也，得火動則制金，而金不能生水矣。如火動可剋金也，得水動則制火，而不能傷金矣。如金逢火動則受剋也，得土動則火貪生於土，忘剋於虛，名爲貪生忘剋，金反吉也。如火動剋金而土爻安靜，更逢木動，木助火剋金，必凶也。學者宜按五行生剋制化推之，吉凶了然矣。

六親相生相剋

生我者爲父母，我生者爲子孫，剋我者爲官鬼，我剋者爲妻財，比和者爲兄弟。

依八宮卦五行所屬來與六畫卦爻，納甲所示之五行，彼此之間的五行對待所對應出的六親，於五行生剋制化來判斷吉凶休咎。如以錢幣代筮，所卜出之卦是乾爲天來講乾宮屬金爲主，與初爻之子水爲賓的關係，即我生者爲子孫爻與九二之寅木關係，即我剋者爲妻財爻，與九三之辰土的關係，即生我者爲父母爻，與九四之午火，即剋我者爲官鬼爻，與九五之申金，即比和者爲兄弟爻，與上九之戍土，即爲生我者爲父母爻，餘皆做此。

論斷吉凶，唯用五行之生剋制化之理爲主，其他諸多神煞以爲輔。

野鶴老人曰：吉凶神煞之多端，何如生剋制化之一理，惟有身入其境，親身體會，自能體驗。

紅角◇J

十二地支代數解說

年爲太歲主一年之禍福。依六十甲子排列順序流行，每年迭換，如民國七十三年爲

甲子。依次爲七十四年乙丑，七十五年丙寅，依此類推，以十二地支之順序爲準則，子、丑、寅、卯、辰、巳、午、未、申、酉、戌、亥。循環不已，在此僅地支爲代數，代入象數爲依據。如午年則代入「七」數。

月爲提綱，夏曆建寅爲正月、卯爲二月、辰爲三月、巳爲四月、午爲五月、未爲六月、申爲七月、酉爲八月、戌爲九月、亥爲十月、子爲十一月、丑爲十二月，在此以爲代數，代入象數易做爲依據。如六月則代入「六」數。

日爲六爻之主，以農曆之日曆數做爲代數，代入象數易爲依據。如農曆初三則代入「三」數。

時爲卦之變數，以中原標準時間爲主，23～01爲子時，代入「一」數，01～03爲丑時，代入「二」數。03～05爲寅時，代入「三」數。05～07卯時，代入「四」數。07～09辰時，代入「五」數。09～11爲巳時，代入「六」數。11～13爲午時，代入「七」數。13～15爲未時，代入「八」數。15～17爲申時，代入「九」數。17～19爲酉時，代入「十」數。19～21爲戌時，代入「十一」數。21～23爲亥時，代入「十二」數。**以上年、月、日、時之代數，將作爲時間卦，換算爲象數易的基礎依據，所謂「倚數以立卦」也。**

紅角◇Q

地支六合、地支三合、地支六沖解說

夫合者，和也。乃陰陽相合，其氣自和，子、寅、辰、午、申、戌、六者爲陽。丑、卯、巳、未、酉、亥，六者爲陰。是以一陰一陽而和而謂之合。子合丑，寅合亥，不子合亥，寅合丑，夫何故。造物中雖是陰陽爲合。氣數中要占陽氣爲尊。子爲一陽，丑爲二陽。一二成三數，寅爲三數，亥爲六陰、三六成九數，卯爲四陽、戌是五陰、四五得九數，辰爲五陽，酉爲四陰、五四得九數、巳爲六陽，申爲三陰、六三得九數、午爲一陰、未爲二陰，一二得三數，子丑午未，各得三者，三生萬物，餘皆得九者，乃陽數極也。至於合者，用於卜筮則有合起與絆之不同解釋也。

論地支三合

考曆家申子辰初之氣，俱起於漏下一刻。巳酉丑初之氣，俱起於二十六刻。寅午戌

初之氣，俱起於五十一刻，亥卯未初之氣，俱起於七十六刻。寅午戌初之氣，俱起於五十一刻，亥卯未初之氣，俱起於五十一刻，亥卯未初之氣，俱起於七十六刻。氣皆起於同刻，是天地自然之理也。故謂之三合。或以三合者，如人一身之運用也，精乃氣之元，氣乃神之本，是以精爲氣之母、神爲氣之子，子母互相生，精氣神全而不散之合。此申子辰，申乃水庫，生即產，旺即成，庫即收，有生有成有收，萬物得始得終，乃自然之理。除申子辰合水局，寅午戌合火局，巳酉丑合金局，亥卯未合木局，而不言土局，然三合局不土者，乃金、木、水、火皆賴土成局，萬物皆歸藏於土故也。至於三合者，端看卜筮中之喜忌斷其吉凶，所影響之力道相當強力，不易改變。

論地支六沖（衝擊）

地支取七位爲沖，猶天干取七位爲煞之義，如子午對沖，如子至午七數，甲逢庚爲煞，甲至庚七數，數中六則合，七則過、故相衝擊爲煞也，觀易坤元用六、其數有六無七，七乃天地之窮數陰陽之極氣也，今書皀字從七，本此，蓋色至於皀，色之極矣，不可變矣，易曰：「七日來復，勿遂，七日得。」是也，相沖者，十二支戰擊之神，大概

為凶，然有為福之甚者，乃沖處相生也。至於六沖卜筮中，用於月則為月破，於日則有用為暗動及日破，依四季旺、相、死、休、囚之不同有不同之解釋。以上所論：六合、三合、六沖、好事喜逢合，壞事喜逢沖，在卜筮斷卦中，均佔相當份量的比重，學者不可不察也。

（以上摘自三命通會）

紅角◇K

一、占卜儀式簡易流程。二、卜卦諸般禁忌

一、**誠心**──占卜時應該慎重其事，如〈山水蒙〉：「**蒙。亨，匪我求童蒙，童蒙求我，初筮告，再三瀆，瀆則不告。利貞。**」表示要有虔誠的心才會有好的結果與答案，才有利占卜。所謂心誠則靈。

二、**靜心**──老子《道德經、第十六章》：「**致虛極，守靜篤。萬物並作……歸根曰靜，是謂復命。復命曰常，知常曰明。**」表示要靜下心使心不亂，專心致志，心想事成，以達到所求的問題能得以解脫。

三、**明事因**──**將疑惑不解的問題，默禱在心，或寫明在制式的表格上，或筆記上，**

因爲所問的標的與所出的卦，一樣在同一卦中，因不同的標的有不同的解答，所以務必要言明清楚，不可模稜兩可，尤其同時有兩件疑惑之事，最容易因爲思維的矛盾，於所出的卦就不易獲得理想的參悟答案。

四、起卦—可分占與卜，依個人的習慣及所學之深淺，以及時空因素來起卦，通常隨機起卦常出現在偶發性侷限於時間緊迫，以及場合環境，以象數易的方式取得卦象，再做哲理性的分析與探討，若時間空間允許之下，又攸關重要，務必於神前或靜室用靈龜占卜或用蓍草行大衍之數來起卦，可謂比較正式而且莊重。

五、解卦—所謂起卦容易，解卦難，這是一般學易經卜卦的共通難題，但依筆者經驗來談，首先是出發點的問題，凡具備善念之心以及防患未然爲前提，基本上來說，不會太離譜，然而這必須建立在個人對《易經》的深入程度以及經驗法則多寡。同時配合第六意識當下的直覺，亦是斷卦精準與否有密切關聯的。

六、感恩—有感恩之心，不管所起得的卦象是吉是凶，均應用感恩的心，打從心底的敬謝，以利下次占問，因爲神是無所不在的，所謂舉頭三尺有神明，神明是無時無刻的在我們身旁，隨時在指引保護著我們的。

依台灣伏羲廟八卦祖師的請神咒如左：

伏以露龜，八卦感應神明，道合乾坤，包含萬象，卦者天地合其德，日月合其時，四時合其序，鬼神合其吉凶，有事急卜，急求感應，今日一心，虔誠拜請，三叩首。伏羲、文王、周公、孔子、五代聖賢、孔明仙師、孫臏仙師、劉伯溫仙師、袁天罡、李淳風、臨水夫人、張天師、九天玄女、姜太公星君、華佗仙師、高祖、孫眞人仙師、鬼谷子仙師、當年太歲星君、土地公、土地婆、值日功曹，共降爐前，虛空有感一切神聖門神在位，問者，排卦童子，成卦童子郎，有事動神，無事不敢亂請，請八卦祖師出八八六十四卦、爻是三百八十四爻，卦是無沖，爻是無亂動，人有恭敬，卦有分明，有凶有煞現分明。

（某事用神，某年、月、日、旬、住所、姓名幾歲男女）

梅花♣10

梅花易數。（代數、人物、人身、動物等）

《梅花易數》取象之依據來自《周易・說卦傳》昔者聖人之作易也，幽贊於神明而生蓍，參天地而倚數、觀變於陰陽而立卦，發揮於剛柔而生爻，和順於道德而理於義，

窮理盡性以至於命，昔者聖人之作易也，將以順性命之理。是以立天之道，曰陰與陽。立地之道，曰柔與剛。立人之道，曰仁與義。兼三才而兩之，故《易》六畫而成卦，分陰分陽，迭用柔剛，故《易》六位成章。萬物出乎震，震東方也。齊乎巽，巽東南也。齊也者。言萬物之潔齊也。離也者。明也，萬物皆相見、南方之卦也。聖人南面而聽天下，嚮明而治，蓋取諸此也。坤也者。地也，萬物皆致養焉，故曰致役乎坤。兌，正秋也，萬物之所說也，故曰說言乎兌。戰乎乾，乾。西北之卦也，言陰陽相薄也。坎者。水也，正北方之卦也，勞卦也，萬物之所歸也，故曰勞乎坎。艮，東北之卦也，萬物之所成終而所成始也，故曰成言乎艮。乾，健也。坤，順也。震，動也。巽，入也。坎，陷也。離，麗也。艮，止也。兌，說也。乾爲馬。坤爲牛。震爲龍。巽爲雞。坎爲豕。離爲雉。艮爲狗。兌爲口。乾，天也，故稱乎父。坤，地也，故稱乎母。震，一索而得男，故謂之長男。巽，一索而得女，故謂之長女。坎再索而得男，故謂之中男。離再索得女，故謂之中女。艮，三索而得男，故謂之少男。兌，三索而得女，故謂之少女。

乾爲天、爲圜、爲君、爲父、爲玉、爲金、爲寒、爲冰、爲大赤、爲良馬、爲老馬、爲瘠馬、爲駁馬、爲木果。

坤爲地、爲母、爲布、爲釜、爲吝嗇、爲均、爲子母牛、爲大輿、爲文、爲柄、其

於地也爲黑。

震爲雷、爲龍、爲玄黃、爲旉、爲大塗、爲長子、爲決躁、爲蒼筤竹、爲萑葦；其馬也，爲善鳴、爲馵足、爲作足、爲的顙、其於稼也、爲反生、其究爲健、爲蕃鮮。

巽爲木、爲風、爲長女、爲繩直、爲工、爲日、爲長、爲高、爲進退、爲不果、爲臭；其於人爲也，爲寡髮、爲廣顙、爲多白眼、爲近利市三倍；其究爲燥卦。

坎爲水、爲溝瀆、爲隱伏、爲矯輮、爲弓輪；其於人也，爲加憂、爲心病、爲耳痛、爲血卦、爲赤；其於馬也，爲美脊、爲亟心、爲下首、爲薄蹄、爲曳；其於輿也，爲多眚、爲通、爲月、爲盜；其於木也，爲堅多心。

離爲火、爲日、爲電、爲中女、爲甲冑、爲戈兵；其於人也，爲大腹、爲乾卦，爲鱉、爲蟹、爲蠃、爲蚌、爲龜；其於木也，爲科上槁。

艮爲山，爲徑路、爲小石、爲門闕、爲果蓏、爲閽寺、爲指、爲狗、爲鼠、爲黔喙之屬；其於木也，爲堅多節。

兌爲澤、爲少女、爲巫、爲口舌、爲毀折、爲附決；其於地也、爲剛鹵、爲妾、爲羊。

有了以上的形象，轉換成八卦的卦象，所起卦的方式多歸類爲《梅花易數》是也。

試舉一例，忽然在東邊的方位出現一隻老鼠，則可從《說卦傳》裏找出，東方屬震，老鼠爲艮，所起卦的象意爲山雷頤。震爲雷，東方的方位，方位是不動的卦，所以在下卦，艮爲老鼠是會動的，所以居上卦，上下卦合成。山雷頤卦，表示有飲食之象，更進一步的涵意當爲頤養之道，更深一層之意思則須再加當時的時辰，如在午則加「七」，才能找出動爻，所謂神兆機於動，不可不察。先天卦數震爲「4數」，艮爲「7數」，動爻是七加四加七等於十八，十八除以六，剛好整除，表示動在第六爻，即山雷〈頤〉䷚。「**上九：由頤厲吉。利涉大川。**」從爻辭的意思可概略得知此時的使命，當賦有養育（包括物質之養與精神之教育）他人的責任，雖然是辛苦，但還要克服萬難的向前邁進，終可完成使命，這也就是梅花易數的其中一種，心有靈犀一點通。

起卦得到主卦，卦象爲事件的主旨，動爻爲說明與辦法，變卦爲評估後的結果，如上例主卦爲頤卦表示頤養之道，如何自養與養人，動爻上九表示要養人，變卦爲地雷〈復〉。卦辭：「**復。亨，出入無疾，朋來無咎。反復其道。七日來復。利有攸往。**」從復卦的象意得知此教育之道是周而復始，是利有攸往，也就是一步一步的向前推進的，正如將學習《易經》的心得公諸於世，這種結果是獲得肯定的，大可勇往直前的去實踐。學習易經的目的無外乎預卜先知。達到先知先覺的境界，這是理想也是目標。

梅花♣J

機鋒時間卦，舉例說明

《周易・繫辭・上傳》：「**是以君子將有為也，將有行也，問焉而以言，其受命也如嚮。無有遠近幽深，遂知來物，非天下之至精，其孰能與於此。**」

參伍以變，錯綜其數，通其變，遂成天下之文。極其數，遂定天下之象，非天下之至變，其孰能與此「易」，無思也、無為也，寂然不動，感而遂通天下故。非天下之至神，其孰能與於此？

夫「易」**聖人之所以極深而研幾也，唯深也，故能通天下之志，唯幾也，故能成天下之務，唯神也，故不疾而速**，不行而至。子曰：「易」有聖人之道四焉者，**以言者尚其辭，以動者尚其變，以制器者尚其象，以卜筮者尚其占，此之謂也**」。

依據《周易・繫辭・上傳》的啓示，知道《易經》是供人們隨時機鋒起卦，以利參悟的一種依據，更可貴的是在於一個喜歡研究《易經》於生活之中，從每日不間斷去起「**機鋒時間卦**」來體會每天所面對的人、事、物、種種因應之道，久而久之自然的將整

本《易經》融入在大腦裡，當需要用時隨時如同電腦般叫出來，因人生不如意之事，十有八九，所以就可清楚的了解問題的所在，如何解決，最壞的底限在那裡，一切都在自己的掌握與盤算當中，這也是研究《易經》有成的福報罷了。

機鋒時間卦J♣

一、依邵雍之方法：以當下年月日之代數相加之和為上卦（總數超過八除以八，以餘數為上卦）。

二、以當下年月日時為下卦（總數超過八除以八，以餘數為下卦）。

三、以年月日時代數之和除以六之餘數為動爻。

四、代數請參閱：◆J說明。

舉例說明：農曆辛巳年十一月七日，起卦 $6+11+7=24$，$24\div8=3$ 餘 0 整除等於8為坤卦（乾一兌二離三震四巽五坎六艮七坤八）所以①上卦為☷坤②下卦、（加酉時起卦）辛巳年十一月七日酉時，$6+11+7+10=34$，$34\div8=4$ 餘 2 餘二。為兌卦所以下卦☱兌③動爻、下卦之和34，除以六 $34\div6=5$ 餘 4 餘四，所以動四爻，若整除則動上爻。

本次機鋒時間卦為䷒地澤臨。卦辭：臨。元亨利貞。至于八月有凶。

動第四爻爻辭：至臨。無咎。

變卦為䷵歸妹。卦辭：歸妹。征凶。無攸利。

梅花♣Q

一、先天起卦法。二、後天起卦法說明。

論「先天起卦法」

「先得數，再起卦」，如米卦要抓三次，第一次抓來的數以八除之，餘數為上卦；第二次抓來的數以八除之，餘數為下卦；第三次抓米的數以六除之，餘數為動爻。

例：郭先生要占問兒子之安危如何？得

第一次抓十粒，除以八餘數二，為☱兌（取上卦）。

第二次抓二十五粒，除以八餘數一，為☰乾（取下卦）。

第三次抓六粒，除以六整除餘數零，動第六爻。

所以得知爲主卦䷪澤天夬，動爻上六。

變卦 ䷀ 乾爲天。

卦解曰：上六：無號。終有凶。表示不是很平安，而且有凶象。

此解是針對初筮者，若要更深一層可用文王金錢卦解之更詳。

如用報數起卦以第一次報的數除以八的餘數爲上卦，第二次報的數除以八的餘數爲下卦，將上下卦的數加當時的時辰除以六爲動爻，變爻以後爲變卦。

例：鄧先生，問他的事業會順利否？

第一次報三爲☲離爲火在上卦。

第二次報八爲☷坤爲地在下卦。

主卦爲䷢火地晉。在午時間卦，午代數七加三加八共十八除以六爲整除動六爻，

卦解：精心設計，綿延不斷。

爻解：行動失控，緩謀對策。

變卦䷏雷地豫。

白話表示：目前的狀況有障礙，必須檢討，小心處理可得無咎，不然將不可挽回。

論「後天起卦法」

「先起卦，再得數」，先清楚《周易・說卦傳》的卦象的象意，清楚象與卦的意思才能起卦。

例：李小姐占問事業：

忽然聽到狗叫聲在南方，於午時間卦，所以得知卦象，艮卦在上卦，聲音來自南方，屬離卦。

主卦：䷕山火賁「☶」卦序為七，「☲」卦序為三，初爻：七加三加當時（七）十七除以六，餘五，知動第五爻。

變卦：䷤風火家人

六五：**賁于丘園，東帛戔，吝。終吉。**

卦爻解曰：目前要好好充實，自然會有人來禮聘，短暫的不如意，終究會有好消息。

以上先後天起卦法，針對初學者，先學會起卦，以及對卦的認識，再慢慢的揣摩與事實之間的吻合處，久而久之，自然能體會到易經哲學功能，至於在斷卦方面，必須配

合主卦之卦辭，動爻爻辭以及變卦的卦辭，來分析整個事件的開始，進行中，結束後，整個環節上的過程，讓自己有一個方向，一切均在自我的掌握中，然而由淺入深逐步研究更深層次的斷法，會更有心得。

梅花♣K

大衍之數，舉例說明

論「大衍之數」

大演天地之數，以卜筮是用五十根蓍草（無則用其他替代）其用只四十九根，而留一不用。象太極，隨意分做兩堆，以象兩儀，從右手堆中取一根掛在左手小指與無名指之間，以象三才，以四根四根分開；以象四季的運行，先以右手取左邊的蓍草，以四根四根數之，將其餘數（或一或二或三或四），卦於無名指與中指之間，以象徵農曆的五年兩潤，如此將掛於左的蓍草取出，**非五即九**，即成第一變，第二變即將左右兩堆之蓍草（非四十即四十四支）合之，再照第一變的順序行之，將掛於左手指之數（非四即八）取出，再將左右堆之蓍草合，再照前面的順序行之掛於左手之數（**非四即八**）是第三變，再將左右堆之蓍草合，算如三十六根除以四，**等於九爲老陽**，如三十二根除以四，**是八爲少陰**，二十八根除以四，**等於七爲少陽**，二十四根除以四，**等於六爲老陰**，**三變成一爻，卦有六爻，十八變，即筮成一卦。**

舉例說明之：

張小姐：三十三歲，證券業，占問壬午年財運如何開源：大演如下：一、二、三變初爻餘二十四根，除以四，等於六，**爲老陰**，值變之爻。

四、五、六變二爻餘三十二根，除以四等於八，**爲少陰**。七、八、九變三爻餘三十二根，除以四等八，**爲少陰**。十、十一、十二變四爻餘二十八根，除以四等於七爲**少陽**。十三、十四、十五變五爻餘二十八根，除以四等於七，**爲少陽**。

十六、十七、十八變爲六爻餘三十二根，除以四等八，**爲少陰**。

卦式如左：

䷬澤地萃

八七七八八六

初爻動

變卦：☱☳隨

卦解曰：天地數五十五減四十四（877886），等於十一，在第二爻，不值變之爻，所以初爻在老陰只能參考，還必須配合主卦及變卦。

余曰：張小姐大演之術，主卦是☱☷萃，卦辭：「萃，亨。王假有廟，利見大人。亨，利貞，用大牲吉，利有攸往。」白話爲：想求開源必須找有組織的地方，有影響力的人去拜見，用利益均霑的態度與有力人士分享，逐步去進行必大有斬獲。

參考初六：「有孚不終，乃亂乃萃。若號。一握爲笑，勿恤，往無咎。」

白話爲：要有誠信，要有始終，起初有點亂，見面三分情，輕輕一握手，便知有誠否，不用擔憂，前後不會有過錯。參考變卦☱☳澤雷隨，卦辭：「隨，元亨，利貞，無咎。」白話爲：隨時隨地，尋找目標，可將過去信用不好的客戶汰掉，重新找更理想的客戶，自然就不會有過咎。

JOKER以錢代蓍法（搖卦法）舉例說明

「所謂以錢代蓍法」

自鬼谷祖師以錢代蓍而將易之道轉變爲以世、應、用神、原神、忌神、仇神、飛神、伏神、進神、退神、反吟、伏吟以及旬空、月破、日暗動或日破、刑、沖、合、等類都是卦內的綱領，缺一而不可不察，論斷卦意唯從以上諸類去探究，此法必須參透卜筮正宗、鬼谷子全書、天下第一卜書等著作的理論與見解再配自己論斷過的實例逐步對照自可耳熟能詳。

試舉一例，郭先生於辛巳年十二月（丑）十八日（戊戌）甲午旬空辰巳。占問兒子的安危？用神：子孫　月建：丑　日神：戊戌

得䷛大過卦

才	身	〃	未		朱雀
官		、	酉		青龍
父	世	、	亥		玄武
官		、	酉		白虎
父		、	亥	(伏午)	呈蛇
才	應	〃	丑		勾陳

震宮（木）遊魂世四

卦解曰：用神子孫伏在父爻亥水之下，亥水是飛神，午火是伏神，絕在亥，謂之伏絕於飛爻。此不吉之一，又入墓于日，此不吉之二，又問子孫，不得，父母持世此不吉之三，又日、月來剋世必連累父母，又卦身逢月破，就以上諸多因素顯示不平安，所以祈求上蒼保佑，償願以告，望吉人自有天相。卜卦的意義在於知道吉凶悔吝，先讓心理有個底，不要一下子去接受事實，才可以減輕沖擊的力量，是以從容應變，如此之思維特別有助於心靈脆弱之善信，所以筆者個人經驗從自占的過程中，體會到相當多，腦袋裡所想不到的過程與結果，都在應證中，因而處置得宜。大事化小，小事化無。

JOKER易有三易：連山、歸藏、周易解說

所謂「易有三易：一、連山，二、歸藏，三、周易」根據《周神．大卜篇》：「大卜：掌三易之法，一曰連山，二曰歸藏，三曰周易。」

今僅周易較完整，連山、歸藏已不可考。

周易的三個涵意

一、**不易**——說明大自然中的人、事、時、地、物，雖然有錯綜複雜的變化，但它的本質是沒有改變的，如白天晚上雖然有不同的景象，畢竟白天與晚上對萬物的作息是不會改變的，又如春、夏、秋、冬，四季是自然而不會有所改變的。

二、**變易**——認爲宇宙萬事萬物是永恒的，在其變化的規則是有跡可循的，而不是沒有道理的亂變。如煮開水，加熱到一定的溫度，就會自然沸騰，此時必要退火，不然就會燒乾產生危險，這就是變易的道理。

三、**簡易**——說明周易道理非常簡單，就是中庸之道，無過與不及，簡單的說就是陰陽對位，一陰一陽之謂道而已。如使用者付費原則，人生也沒有太大的爭議了。

人人能秉持著此三易的道理去行事，處處行中道，必能不偏不倚，老子《道德經》**天地不仁，以萬物爲芻狗，聖人不仁，以百姓爲芻狗，天地之間，其猶橐籥乎。虛而不屈，動而愈出，多言數窮，不如守中**。

所以說：天地之間，就好比風箱一樣。如果沒有人去搖動它，它就虛靜而無所作爲，可是它生風的本性並沒有改變，如果有人去搖動它，自然能將風吹送出來。因此，天地和聖人的心態都是無爲的，至於現在的人，思想是左右偏差，無法持守中庸之道，常自以爲是，導致社會秩序亂象叢生。

易的生活功能：決疑解說

用哲學的角度，決斷當前的疑惑。

實事例證一：

林先生於91年2月9日問入道教學院上課成長學習適宜？

用米卦起卦得：初抓：12粒代數4 ☳震（取上卦）

再抓：12粒代數4 ☳震（取下卦）

第三次：11粒代數5（取動爻數）

參照速見表4：4。

得卦：䷲震爲雷——動5爻

經文：震、亨。震來虩虩，笑言啞啞。震驚百里，不喪匕鬯。

卦解：（大原則）

A、財福康寧：**根基健全，不受影響**。

B、人緣機遇：**面對突然，應變自如**。

爻辭：六五：震往來厲，億無喪有事。

爻解：（行動方針）

A、財福康寧：**嚴重衝擊，尚有要事**。

B、人緣機遇：**雄心壯志，接受考驗**。

事實：林先生於2年前在事業上遭受嚴重之沖擊，但他直覺尚有要事未完成，所以興起自我提升，等待接受考驗完成壯志的機會，所幸本身根基穩固，稍作休息，即可再出發而不嫌太遲，這也是易占的啓示，獲益匪淺。

實事例證二：

林先生於91年2月9日問學習易經之道。

用米卦起卦得：初抓：11粒代數3離☲（取上卦）

再抓：11粒代數3離☲（取下卦）

第三次：9粒代數3（取動爻數）

參照速見表3：3。

得卦：䷝離爲火——動3爻

經文：離，利貞，亨。畜牝牛。吉。

卦解：（大原則）

A、財福康寧：**光明事業，生生不息**。

B、人緣機遇：**發揚光大，培養人才**。

爻辭：九三：日昃之離，不鼓缶歌。則大耋之嗟。凶。

爻解：（行動方針）

A、財福康寧：**日漸衰退，亡羊補牢**。

B、人緣機遇：**人無遠慮，必有近憂**。

事實：因林先生之家人學習易經亦有多年，彷彿卦解提醒他應共同學習易經，產生共同的語言，針對任何問題，即可由共鳴中化掉一些不必要的爭論，所謂**家和萬事興**，這就是易經最好的媒介。

實事例證三：

林先生於91年2月9日前來卜問壬午年運程因應之道。

用米卦起卦得：初抓：　8粒代數8坤☷（取上卦）

再抓：　12粒代數4震☳（取下卦）

第三次：　11粒代數5（取動爻數）

參照速見表8：4。

得卦：䷗地雷復一動五爻

經文：復，亨。出入無疾。朋來無咎，反復其道，七日來復，利有攸往。

卦解：（大原則）

A、財福康寧：**一元復始，萬象更新。**

B、人緣機遇：**遷善去惡，赤子之心。**

爻辭：九五：敦復。無悔。

爻解：（行動方針）

A、財福康寧：**再三考量，終無後悔。**

B、人緣機遇：**敦厚老實，相處無憂。**

事實：林先生對自身的木訥及對未來的徬徨，今占此卦使之豁然開朗，一切的開始都是最好的時機，人只要腳踏實地，隨時都可東山再起，所以很快就投入了

新的事業領域，全家從此生活在希望中。

實事例證四：

陳文輝先生53歲，住台北縣新莊，於91年2月21日，用米卦占問：學習「五禽戲」功法對人體健康幫助如何?

用米卦起卦得：初抓：　13粒代數5 ☴（取上卦）

再抓：　11粒代數3 ☲（取下卦）

第三次：　7粒代數1（取動爻數）

參照速見表5：3。

得卦：䷤風火家人一動初爻

經文：家人。利女貞。

卦解：（大原則）

A、財福康寧：從家做起，尤利女性。

B、人緣機遇：用女主管，有利占問。

爻辭：初九：閑有家，悔亡。

爻解：（行動方針）

A、財福康寧：**有備無患，從小練起。**

B、人緣機遇：**手藝嫺熟，自然無憂。**

事實：陳老師希望透過易經的角度，來理解學習「五禽戲」之要領，得此占更證明：**若能從小練起，更見其效，在家中即可練習，並且更適合女性，旨在強健身體，遠離病痛。統計結果女性練成比較容易。**

實事例證五：

鄭先生於91年2月20日問有關命理說法，各家各派，衆說紛云，雖有雷同，但不知如何取用，指導爲何？

用米卦起卦得：初抓：　22粒代數6得☵坎　（取上卦）

再抓：　20粒代數得4☳震　（取下卦）

第三次：　9粒代數3　（取動爻數）

參照速見表6：4。

得卦：䷂水雷屯——動三爻

經文：屯，元亨利貞。

卦解：（大原則）

A、財福康寧：**打好基礎，做好規劃。**

B、人緣機遇：**選定對象，不動聲色。**

爻辭：即鹿無虞，惟入于林中。君子幾，不如舍，往吝。

爻解：（行動方針）

A、財福康寧：**專業專才，當知進退。**

B、人緣機遇：**人際感情，須有導引。**

事實：鄭先生接受了很多的易經說法，莫衷一是困惑甚久，此次經由此占而得以知**道如何學習易經，並體悟到易經的功能，身歷其境，知道易經的無所不能，因此當下決心要透過學習易經來提昇自己。**

實事例證六：

林小姐43歲，住台北市於91年2月22日，抓米卦問感情。

初抓： 3粒代數3 ☲ （取上卦）

再抓：　6粒代數6 ☵ （取下卦）

第三次：　4粒代數4 （取動爻數）

參照速見表3：6。

得卦：䷿火水未濟　動四爻

經文：未濟。亨。小狐汔濟。濡其尾。無攸利。

卦解：（大原則）

A、財福康寧：**經驗不足，濟度困難。**

B、人緣機遇：**童言無忌，不可輕信。**

爻辭：九四：貞吉，悔亡，震用伐鬼方，三年有賞于大國。

爻解：（行動方針）

A、財福康寧：**反敗爲勝，得到賞賜。**

B、人緣機遇：**痛定思痛，應付自如。**

事實：**林小姐在感情路上，如小狐渡河般沒有經驗，而輕易上當屢遭挫折，因得此占而恍然大悟，痛定思痛斷然處置，不再空等奢望其回頭。**

實事例證七：

蔡先生26歲，住台北縣，服務於金融服務業，於辛巳年亥月卯日，問開發之客戶可否順利簽約。

用米卦起卦得：初抓：10粒代數2 ☱（取上卦）

再抓：6粒代數6 ☵（取下卦）

第三次：8粒代數2（取動爻數）

參照速見表2：6。

得卦：䷮澤水困　動二爻

經文：亨貞。大人吉。無咎。有言不信。

卦解：（大原則）

A、財福康寧：**龍困淺灘，有苦難言**。

B、人緣機遇：**患難相交，勿生怨尤**。

爻辭：九二：困于酒食、朱紱方來、利用亨祀。征凶，無咎。

爻解：（行動方針）

A、財福康寧：**天理昭彰，賞罰分明**。

B、人緣機遇：**化險爲夷，止步觀望**。

事實：蔡先生是一位勤跑客戶的人，此次遇到的客戶，確實困難，經此占得知因應之道，要保持密切觀望，等待時機，果于農曆十二月簽下此客戶，並獲得好評。蔡先生直誇易經之玄妙。

實事例證八：

莊小姐39歲，住台北市，服務於金融服務業，於91年1月3日，抓米卦問當天股市走勢。

用米卦起卦得：初抓：　11粒得代數3 ☲（取上卦）

再抓：　4粒得代數4 ☳（取下卦）

第三次：　8粒得代數2（取動爻數）

參照速見表3：4。

得卦：䷔火雷噬嗑　動二爻

經文：亨，利用獄。

卦解：（大原則）

A、財福康寧：法律途徑，正本清源。

B、人緣機遇：依法行事，不談感情。

爻辭：六二：噬膚滅鼻、無咎。

爻解：（行動方針）

A、財福康寧：從容應付，不可輕忽。

B、人緣機遇：提防交往，得寸進尺。

事實：股市漲勢已久，擔心反轉暫時回檔，可能上下震盪激烈，為此特占一卦、因此卦有抗爭象須從容應付，故先出脫部份股票，當天下跌 73 點收於 5526 點，隔天又回漲，後勢亦提防變卦，不可輕忽盤勢、隨勢觀望、隨勢操作，以立於不敗之地，易之妙也。

實事例證九：

劉先生26歲，住台北市於91年2月27日問工作何時找到？

用米卦起卦得：初抓： 18粒代數2兌☱（取上卦）

再抓： 21粒代數5巽☴（取下卦）

第三次：　17粒代數5　（取動爻數）

參照速見表2：5。

得卦：䷛澤風大過一動五爻

經文：大過，棟橈，利有攸往，亨。

卦解：（大原則）

A、財福康寧：大勢已去，溜之大吉。

B、人緣機遇：無法改善，不可接近。

爻辭：枯楊生華，老婦得其士夫，無咎無譽。

爻解：（行動方針）

A、財福康寧：別出心裁，在商言商。

B、人緣機遇：心態問題，歡喜就好。

事實：劉先生剛失業不久，想問何時再有工作，但從澤風大過卦中看似乎有問題，所以你先要有一些正確的觀念，不畏想錢多事少離家近，或一些不切實際的事。如果想要找到新工作，一定要積極進取，經過易經解釋劉先生才恍然大悟，以前的想法是錯誤的。

實事例證十：

余小姐27歲，住台北縣　於91年2月28日，抓米卦問在東湖康寧路經營「來一杯」如何？

用米卦起卦得：初抓：　23粒代數7艮☶（取上卦）

再抓：　34粒代數2澤☱（取下卦）

第三次：　8粒代數2（取動爻數）

參照速見表7：2。

得卦：䷨山澤損——動二爻

經文：損，有孚，元吉，無咎，可貞，利有攸往。曷之用，二簋可用享。

卦解：（大原則）

A、財福康寧：**先施後得，後福無窮**。

B、人緣機遇：**誠心助人，如種福田**。

爻辭：九二：利貞，征凶，弗損益之。

爻解：（行動方針）

A、財福康寧：**多做考慮，暫無利圖。**

B、人緣機遇：**不得不失，勿下斷語。**

事實：余小姐的未婚夫，有一筆資遣費，事實上想去頂下一家「來一杯」飲食店來經營，但因為對方要求價錢太高，而且價錢又不肯降下來，所以此價錢對她有壓力，應該多做思慮，不宜妄進，等到商議好價錢，再去經營。**事後，余小姐覺得易經很神奇，這也是她心裡所想的，因為未占以前，她有一點緊張，怕別人先頂去，經此一占，他本人也就放心了。**

實事例證十一：

蔡小姐23歲，台北市人，於91年2月27日，問工作能否安定？

用米卦起卦得：初抓：　14粒代數6坎☵（取上卦）

再抓：　22粒代數6坎☵（取下卦）

第三次：　26粒代數2（取動爻數）

參照速見表6：6。

得卦：䷜坎為水—動三爻

經文：習坎，有孚，維心亨，行有尚。

卦解：（大原則）

A、財福康寧：胸有成竹，化險為夷，沒有問題。

B、人緣機遇：好學不倦，值得交往。

爻辭：九二，坎有險，求小得。

爻解：（行動方針）

A、財福康寧：不幸之中，尚有大幸。

B、人緣機遇：逆向思考，選用優點。

事實：蔡小姐很久沒有工作，所以最近找到一份新工作，但不曉得這份工作能否持續，故要求占一卦，由卦爻解中得知，此份工作是要讓你好好的學習，只要有信心，都能化險為夷，至於待遇不高，但已經是不幸中尚有大幸，因為很多人找不到工作，但你又有這份工作算是不錯了，蔡小姐聽完了解說，直讚易經太了解我的心意了。

數位對照64卦速見表

地☷8 天☰1 泰 第11卦	山☶7 天☰1 大畜 第26卦	水☵6 天☰1 需 第5卦	風☴5 天☰1 小畜 第9卦	雷☳4 天☰1 大壯 第34卦	火☲3 天☰1 大有 第14卦	澤☱2 天☰1 夬 第43卦	乾☰1 (天)☰1 第1卦
地☷8 澤☱2 臨 第19卦	山☶7 澤☱2 損 第41卦	水☵6 澤☱2 節 第60卦	風☴5 澤☱2 中孚 第61卦	雷☳4 澤☱2 歸妹 第54卦	火☲3 澤☱2 睽 第38卦	兌☱2 (澤)☱2 第58卦	天☰1 澤☱2 履 第10卦
地☷8 火☲3 明夷 第36卦	山☶7 火☲3 賁 第22卦	水☵6 火☲3 既 第63卦	風☴5 火☲3 家人 第37卦	雷☳4 火☲3 豐 第55卦	離☲3 (火)☲3 第30卦	澤☱2 火☲3 革 第49卦	天☰1 火☲3 同人 第13卦
地☷8 雷☳4 復 第24卦	山☶7 雷☳4 頤 第27卦	水☵6 雷☳4 屯 第3卦	風☴5 雷☳4 益 第42卦	震☳4 (雷)☳4 第51卦	火☲3 雷☳4 噬嗑 第21卦	澤☱2 雷☳4 隨 第17卦	天☰1 雷☳4 无妄 第25卦
地☷8 風☴5 升 第46卦	山☶7 風☴5 蠱 第18卦	水☵6 風☴5 井 第48卦	巽☴5 (風)☴5 第57卦	雷☳4 風☴5 恒 第32卦	火☲3 風☴5 鼎 第50卦	澤☱2 風☴5 大過 第28卦	天☰1 風☴5 姤 第44卦
地☷8 水☵6 師 第7卦	山☶7 水☵6 蒙 第4卦	坎☵6 (水)☵6 第29卦	風☴5 水☵6 渙 第59卦	雷☳4 水☵6 解 第40卦	火☲3 水☵6 未濟 第64卦	澤☱2 水☵6 困 第47卦	天☰1 水☵6 訟 第6卦
地☷8 山☶7 謙 第15卦	艮☶7 (山)☶7 第52卦	水☵6 山☶7 蹇 第39卦	風☴5 水☶7 漸 第53卦	雷☳4 山☶7 小過 第62卦	火☲3 山☶7 旅 第56卦	澤☱2 山☶7 咸 第31卦	天☰1 山☶7 遯 第33卦
坤☷8 (地)☷8 第2卦	山☶7 地☷8 剝 第23卦	水☵6 地☷8 比 第8卦	風☴5 地☷8 觀 第20卦	雷☳4 地☷8 豫 第16卦	火☲3 地☷8 晉 第35卦	澤☱2 地☷8 萃 第45卦	天☰1 地☷8 否 第12卦

1	2	3	4	5	6	7	8
乾	兌	離	震	巽	坎	艮	坤
☰	☱	☲	☳	☴	☵	☶	☷

1	2	3	4	5	6	7	8
乾	兌	離	震	巽	坎	艮	坤
☰	☱	☲	☳	☴	☵	☶	☷
天	澤	火	雷	風	水	山	地

序卦別

11 等於	䷀	乾為天	1
12 等於	䷉	天澤履	10
13 等於	䷌	天火同人	13
14 等於	䷘	天雷無妄	25
15 等於	䷫	天風姤	44
16 等於	䷅	天水訟	6

17等於䷠天山遯 33

18等於䷋天地否 12

21等於䷪澤天夬 43

22等於䷹兌爲澤 58

23等於䷰澤火革 49

24等於䷐澤雷隨 17

25等於䷛澤風大過 28

26等於䷮澤水困 47

27等於䷞澤水咸 31

28等於䷬澤地萃 45

31等於䷍火天大有 14

32等於䷥火澤睽 38

33等於䷝離爲火 30

34等於䷔火雷噬嗑 21

35等於䷱火風鼎 50

數		卦名	卦序
36	等於	火水未濟	64
37	等於	火山旅	56
38	等於	火地晉	35
41	等於	雷火大壯	34
42	等於	雷澤歸妹	54
43	等於	雷火豐	55
44	等於	震爲雷	51
45	等於	雷風恒	32
46	等於	雷水解	40
47	等於	雷山小過	62
48	等於	雷地豫	16
51	等於	風天小畜	9
52	等於	風澤中孚	61
53	等於	風火家人	37
54	等於	風雷益	42

數字		卦象	卦名	卦序
55	等於	䷸	巽爲風	57
56	等於	䷺	風水渙	59
57	等於	䷴	風山漸	53
58	等於	䷓	風地觀	20
61	等於	䷄	水天需	5
62	等於	䷻	水澤節	60
63	等於	䷾	水火既濟	63
64	等於	䷂	水雷屯	3
65	等於	䷯	水風牛	48
66	等於	䷜	坎爲水	29
67	等於	䷦	水山賽	39
68	等於	䷇	水地比	8
71	等於	䷙	山天大畜	26
72	等於	䷨	山澤損	41
73	等於	䷕	山火賁	22

數		卦	卦名	卦序
74	等於	䷚	山雷頤	27
75	等於	䷑	山風蠱	18
76	等於	䷃	山水蒙	4
77	等於	䷳	艮為山	52
78	等於	䷖	山地剝	23
81	等於	䷊	地天泰	11
82	等於	䷒	地澤臨	19
83	等於	䷣	地火明夷	36
84	等於	䷗	地雷復	24
85	等於	䷭	地風升	46
86	等於	䷆	地水師	7
87	等於	䷎	地山謙	15
88	等於	䷁	坤為地	2

作者簡介

黃輝石，祖籍台灣嘉義朴子，生於一九五八年。東方工專工管科畢業、中華道教學院研究生。早年興趣頗爲廣泛，研究過堪輿、紫微、八字、姓名學、奇門遁甲、六壬神式、手面相、道教神學、易經卜卦等，尤其鍾愛易經卜卦。

人生志願，就是希望能研究出一套簡捷的方法，讓易經生活化，如今希望藉由此套書册，提供讀者由淺入深來研究使用易經，把它當作參考工具書。

在此，由衷地感謝參予本套書籍順利完成的指導仙師、教授、師兄及師姊們。

國家圖書館出版品預行編目資料

學會易經・占卜的第一本書／黃輝石著.
－－第一版－－台北市：知青頻道出版；
紅螞蟻圖書發行，2002〔民91〕
面　　公分，－－(Easy Quick；21)
ISBN 957-659-296-8(平裝)

1.易占

292.1　　　　91010930

Easy Quick 21

學會易經・占卜的第一本書

作　　者／黃輝石
發 行 人／賴秀珍
總 編 輯／何南輝
文字編輯／林宜潔
美術編輯／林美琪
出　　版／知青頻道出版有限公司
發　　行／紅螞蟻圖書有限公司
地　　址／台北市內湖區舊宗路二段121巷19號(紅螞蟻資訊大樓)
郵撥帳號／1604621-1　紅螞蟻圖書有限公司
電　　話／(02)2795-3656（代表號）
傳　　真／(02)2795-4100
登 記 證／局版北市業字第796號
法律顧問／許晏賓律師
印 刷 廠／卡樂彩色製版印刷有限公司
出版日期／2002年 8月　第一版第一刷
　　　　　2018年 7月　　　　第六刷

定價 300 元　港幣 100 元

ISBN　957-659-296-8　　　Printed in Taiwan

學會易經・占卜的第一本書

【隨書占卜紙牌】

親愛的讀者：

感謝您惠購本書，為了方便您使用本書的占卜法，我們特別將黃老師精心研究的紙牌附於書末。

您可以自行將之剪下使用，更可以另行護貝，增加使用上的方便性與使用壽命。

如果還無法達到您的需求，我們特別精印裝盒的黃老師占卜牌，原價 350 元，優惠本書讀者每付只要 250 元。

請電（02）2795-3656 洽詢。謝謝您！

易有三易：1 連山

2 歸藏

3 周易：1 不易

2 變易

3 簡易

易的生活功能：決疑

以錢代蓍法（搖卦法）

以錢三文熏於爐上致敬而祝曰天何言哉叩之即應神之靈矣，感而遂通今有某姓有事關心不知休咎罔釋厥疑惟神惟靈，若可若否，望垂昭報祝畢擲錢一背為單畫—，二背為拆畫--，三背為重畫口，三字為交畫乂，自下裝上，三擲內卦成，再祝曰，某宮三象，吉凶未判在求外象。三爻以成一卦以決憂疑，祝畢復如前法再擲合成一卦而斷吉凶，至敬至誠無不感應。凡動爻有變，重變拆，交變單，餘爻仿此。

單畫、 — 少陽爻

拆畫‥ -- 少陰爻

重畫○ — 老陽 表示動爻

交畫× -- 老陰 表示動爻

A ♠

1 乾：元亨。利貞。

用九：見群龍无首。吉。

上九：亢龍。有悔。

九五：飛龍在天。利見大人。

九四：或躍在淵。无咎。

九三：君子終日乾乾，夕惕若。厲，无咎。

九二：見龍在田。利見大人。

初九：潛龍。勿用。

1 乾：元亨。利貞。

A ♠

2 ♠

2 坤：元亨。利牝馬之貞。君子有攸往，先迷後得主，利西南得朋，東北喪朋，安貞吉。

用六：利永貞。

上六：龍戰于野，其血玄黃。

六五：黃裳。元吉。

六四：括囊。无咎无譽。

六三：含章。可貞。或從王事，无成有終。

六二：直方大。不習，无不利。

初六：履霜，堅冰至。

2 坤：元亨。利牝馬之貞。君子有攸往，先迷後得主，利西南得朋，東北喪朋，安貞吉。

2 ♠

3

3 **屯**：元亨。利貞。勿用有攸往，利建侯。

上六：乘馬班如，泣血漣如。

九五：屯其膏。小貞吉，大貞凶。

六四：乘馬班如，求婚媾。往吉，无不利。

六三：即鹿无虞，惟入于林中。君子幾，不如舍，往吝。

六二：屯如，邅如，乘馬班如。匪寇，婚媾。女子貞不字，十年乃字。

初九：磐桓。利居貞，利建侯。

4 **蒙**：亨。匪我求童蒙，童蒙求我。初筮告，再三瀆，瀆則不告。利貞。

上九：擊蒙。不利為寇，利禦寇。

六五：童蒙。吉。

六四：困蒙。吝。

六三：勿用取女，見金夫，不有躬，无攸利。

九二：包蒙。吉。納婦吉，子克家。

初六：發蒙。利用刑人，用說桎梏。以往吝。

3

4

5 **需**：有孚。光亨。貞吉，利涉大川。

上六：入于穴，有不速之客三人來。敬之，終吉。

九五：需于酒食。貞吉。

六四：需于血，出自穴。

九三：需于泥，致寇至。

九二：需于沙。小有言，終吉。

初九：需于郊。利用恆，无咎。

6 **訟**：有孚，窒惕，中吉，終凶。利見大人，不利涉大川。

上九：或錫之鞶帶，終朝三褫之。

九五：訟。元吉。

九四：不克訟，復即命，渝，安貞吉。

六三：食舊德，貞厲，終吉。或從王事，无成。

九二：不克訟，歸而逋，其邑人三百戶无眚。

初六：不永所事，小有言。終吉。

4

5♠

8 比

比：吉。原筮，元永貞，无咎。不寧方來，後夫凶。

上六：比之无首。凶。

九五：顯比。王用三驅，失前禽，邑人不誡。吉。

六四：外比之。貞吉。

六三：比之匪人。

六二：比之自內。貞吉。

初六：有孚比之。无咎。有孚盈缶，終來有他吉。

7 師

師：貞丈人吉，无咎。

初六：師出以律，否臧、凶。

九二：在師中，吉，无咎。王三錫命。

六三：師或輿尸，凶。

六四：師左次，无咎。

六五：田有禽，利執言，无咎。長子帥師，弟子輿尸，貞凶。

上六：大君有命，開國承家，小人勿用。

5♠

6♠

10 履

履：履虎尾，不咥人。亨。

上九：視履，考祥其旋。元吉。

九五：夬履。貞厲。

九四：履虎尾，愬愬。終吉。

六三：眇能視，跛能履；履虎尾，咥人。凶。武人為于大君。

九二：履道坦坦。幽人貞吉。

初九：素履。往无咎。

9 小畜

小畜：亨。密雲不雨，自我西郊。

初九：復自道。何其咎？吉。

九二：牽復。吉。

九三：輿說輻，夫妻反目。

六四：有孚，血去，惕出，无咎。

九五：有孚攣如，富以其鄰。

上九：既雨既處，尚德載。婦貞厲，月幾望，君子征，凶。

6♠

7♠

12 否：否之匪人。不利君子貞。大往小來。

上九：傾否。先否後喜。

九五：休否。大人吉。其亡，其亡，繫于苞桑。

九四：有命。无咎。疇離祉？

六三：包羞。

六二：包承。小人吉，大人否亨。

初六：拔茅茹以其彙。貞吉、亨。

11 泰：小往大來。吉，亨。

初九：拔茅茹，以其彙。征吉。

九二：包荒，用馮河，不遐遺，朋亡，得尚于中行。

九三：无平不陂，无往不復。艱貞无咎。勿恤其孚，于食有福。

六四：翩翩不富以其鄰。不戒以孚。

六五：帝乙歸妹以祉。元吉。

上六：城復于隍。勿用師。自邑告命，貞吝。

7♠

8♠

14 大有：元亨。

上九：自天祐之。吉，无不利。

六五：厥孚交如，威如。吉。

九四：匪其彭。无咎。

九三：公用亨于天子。小人弗克。

九二：大車以載，有攸往。无咎。

初九：无交害，匪咎，艱則无咎。

13 同人：同人于野。亨。利涉大川，利君子貞。

初九：同人于門。无咎。

六二：同人于宗。吝。

九三：伏戎于莽，升其高陵，三歲不興。

九四：乘其墉，弗克攻。吉。

九五：同人先號咷而後笑，大師克相遇。

上九：同人于郊。无悔。

8♠

9♠

16 **豫**：利建侯行師。

上六：冥豫。成，有渝，无咎。

六五：貞疾，恒，不死。

九四：由豫。大有得。勿疑，朋盍簪。

六三：盱豫。悔，遲有悔。

六二：介于石，不終日。貞吉。

初六：鳴豫，凶。

15 **謙**：亨。君子有終。

初六：謙謙。君子用涉大川，吉。

六二：鳴謙。貞吉。

九三：勞謙。君子有終，吉。

六四：无不利。撝謙。

六五：不富以其鄰。利用侵伐，无不利。

上六：鳴謙。利用行師，征邑國。

10♠

※太極生兩儀、兩儀生四象、四象生八卦

口訣：

☰乾三連
☱兌上缺
☲離中虛
☳震仰盂
☴巽下斷
☵坎中滿
☶艮覆碗
☷坤六斷

卦序	1	2	3	4	5	6	7	8
卦名	乾	兌	離	震	巽	坎	艮	坤

老陽　少陰　少陽　老陰

陽儀　陰儀

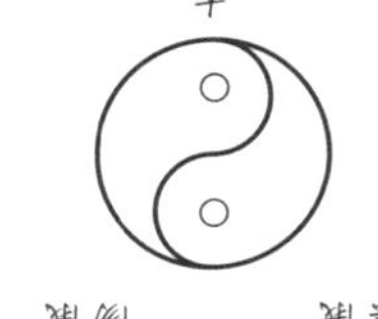

太極

※先天八卦

（卦象）—五行

乾　為天　（金）

兌　為澤　（金）

離　為火　（火）

震　為雷　（木）

巽　為風　（木）

坎　為水　（水）

艮　為山　（土）

坤　為地　（土）

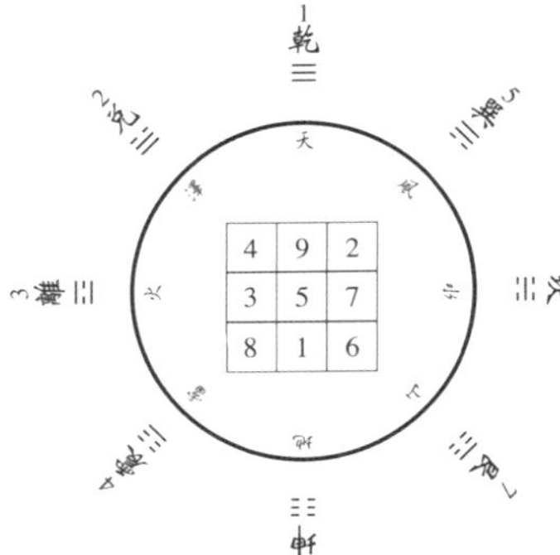

※河圖九宮

戴九履一
左三右七
二四為肩
六八為足
五為腹心

※紫白賦

九紫八白七赤
六白五黃四綠
三碧二黑一白

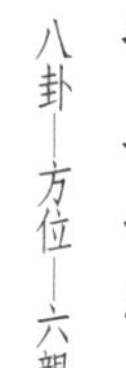

後天八卦

八卦—方位—六親

乾　—西北—　父

兌　—西　—少女

離　—南　—中女

震　—東　—長男

巽　—東南—長女

坎　—北　—中男

艮　—東北—少男

坤　—西南—　母

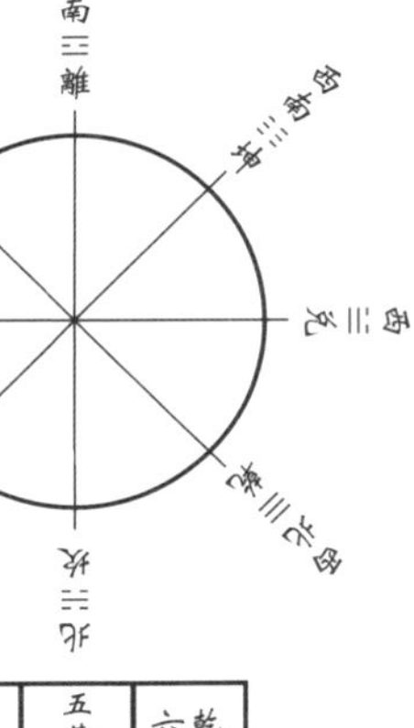

四巽	五黃	六乾
三震		七兌
二坤		八艮
一坎		九離

八卦相盪（64卦）

	一 乾（天）9	二 兌（澤）4	三 離（火）3	四 震（雷）8	五 巽（風）2	六 坎（水）7	七 艮（山）6	八 坤（地）1
9 乾（天）一	乾	夬	大有	大壯	小畜	需	大畜	泰
4 兌（澤）二	履	兌	睽	歸妹	中孚	節	損	臨
3 離（火）三	同人	革	離	豐	家人	既濟	賁	明夷
8 震（雷）四	无妄	隨	噬嗑	震	益	屯	頤	復
2 巽（風）五	姤	大過	鼎	恆	巽	井	蠱	升
7 坎（水）六	訟	困	未濟	解	渙	坎	蒙	師
6 艮（山）七	遯	咸	旅	小過	漸	蹇	艮	謙
1 坤（地）八	否	萃	晉	豫	觀	比	剝	坤

64卦排列組合

A

18 蠱：元亨，利涉大川。先甲三日，後甲三日。

上九：不事王侯，高尚其事。

六五：幹父之蠱，用譽。

六四：裕父之蠱，往見吝。

九三：幹父之蠱，小有悔，无大咎。

九二：幹母之蠱，不可貞。

初六：幹父之蠱，有子，考无咎。厲，終吉。

17 隨：元亨，利貞，无咎。

初九：官有渝，貞吉，出門交有功。

六二：繫小子，失丈夫。

六三：繫丈夫，失小子，隨有求，得，利居貞。

九四：隨有獲，貞凶。有孚在道，以明何咎？

九五：孚于嘉，吉。

上六：拘繫之，乃從維之。王用亨于西山。

A

2

20 觀：盥而不荐，有孚顒若。

上九：觀其生君子，无咎。

九五：觀我生君子，无咎。

六四：觀國之光，利用賓于王。

六三：觀我生，進退。

六二：闚觀，利女貞。

初六：童觀，小人无咎，君子吝。

19 臨：元亨，利貞。至于八月有凶。

初九：咸臨，貞吉。

九二：咸臨，吉，无不利。

六三：甘臨，无攸利，既憂之，无咎。

六四：至臨，无咎。

六五：知臨，大君之宜，吉。

上六：敦臨，吉，无咎。

2

3 ♥

22 賁：亨。小利有攸往。

上九：白賁。无咎。

六五：賁于丘園，束帛戔戔。吝，終吉。

六四：賁如，皤如，白馬翰如，匪寇婚媾。

九三：賁如，濡如。永貞吉。

六二：賁其須。

初九：賁其趾，舍車而徒。

21 噬嗑：亨。利用獄。

初九：屨校滅趾。无咎。

六二：噬膚滅鼻。无咎。

六三：噬腊肉，遇毒，小吝，无咎。

九四：噬乾胏，得金矢，利艱貞，吉。

六五：噬乾肉，得黃金，貞厲，无咎。

上九：何校滅耳。凶。

3 ♥

4 ♥

24 復：亨。出入无疾，朋來无咎。反復其道，七日來復。利有攸往。

上六：迷復。凶。有災眚，用行師，終有大敗，以其國君凶，至于十年，不克征。

六五：敦復。无悔。

六四：中行獨復。

六三：頻復。厲，无咎。

六二：休復。吉。

初九：不遠復，无祇悔。元吉。

23 剝：不利有攸往。

初六：剝床以足。蔑貞，凶。

六二：剝床以辨。蔑貞，凶。

六三：剝之。无咎。

六四：剝床以膚。凶。

六五：貫魚，以宮人寵。无不利。

上九：碩果不食。君子得輿，小人剝廬。

4 ♥

6

27 頤：貞吉。觀頤、自求口實。

上九：由頤。厲、吉，利涉大川。

六五：拂經。居貞吉，不可涉大川。

六四：顛頤。吉。虎視耽耽，其欲逐逐，无咎。

六三：拂頤。貞凶，十年勿用，无攸利。

六二：顛頤，拂經于丘頤，征凶。

初九：舍爾靈龜，觀我朶頤。凶。

27 頤：貞吉。觀頤、自求口實。

6

5

25 无妄：元亨，利貞。其匪正有眚，不利有攸往。

上九：无妄行，有眚，无攸利。

九五：无妄之疾，勿葯有喜。

九四：可貞，无咎。

六三：无妄之災。或繫之牛，行人之得，邑人之災。

六二：不耕穫。不菑、畬，則利有攸往。

初九：无妄往。吉。

26 大畜：利貞。不家食，吉。利涉大川。

上九：何天之衢，亨。

六五：豶豕之牙，吉。

六四：童牛之牿，元吉。

九三：良馬逐，利艱貞。日閑輿衛，利有攸往。

九二：輿說輹。

初九：有厲，利已。

5

8

29 坎：習坎。有孚。維心亨，行有尚。

上六：繫用徽纆，寘于叢棘，三歲不淂。凶。

九五：坎不盈，祇既平。无咎。

六四：樽酒簋貳用缶，納約自牖。終无咎。

六三：來之坎坎，險且枕，入于坎窞。勿用。

九二：坎有險，求小淂。

初六：習坎，入于坎窞。凶。

29 坎：習坎。有孚。維心亨，行有尚。

8

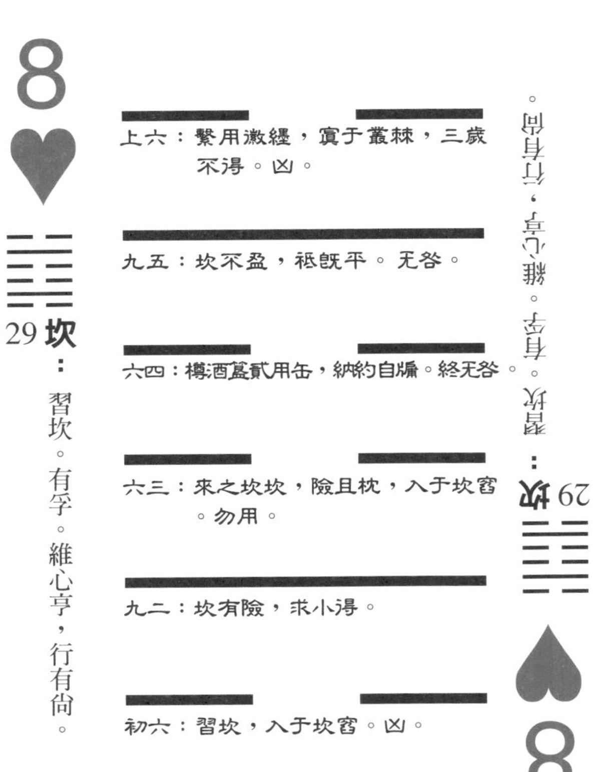

7

28 大過：棟橈。利有攸往，亨。

上六：過涉滅頂。凶、无咎。

九五：枯楊生華。老婦淂其士夫。无咎，无譽。

九四：棟隆。吉。有它，吝。

九三：棟橈。凶。

九二：枯楊生稊。老夫淂其女妻。无不利。

初六：藉用白茅。无咎。

28 大過：棟橈。利有攸往，亨。

7

10

六十四卦序歌訣（共九十八字）

天1地2屯3蒙4需5訟6師7，比8小畜9兮履10泰11否12

同人13大有14謙15豫16隨17，蠱18臨19觀20兮噬嗑21賁22

剝23復24无妄25大畜26頤27，大過28坎29離30三十備

咸31恒32遯33兮及大壯34，晉35與明夷36家人37睽38

蹇39解40損41益42夬43姤44萃45，升46困47井48革49鼎50震51繼

艮52漸53歸妹54豐55旅56巽57，兌58渙59節60兮中孚61至

小過62既濟63兼未濟64，是為下經三十四

10

9

30 離：利貞。亨，畜牝牛吉。

上九：王用出征，有嘉折首，獲匪其醜。无咎。

六五：出涕沱若，戚嗟若。吉。

九四：突如其來如，焚如，死如，棄如。

九三：日昃之離。不鼓缶而歌，而大耋之嗟，凶。

六二：黃離。元吉。

初九：履錯然。敬之，无咎。

30 離：利貞。亨，畜牝牛吉。

9

（八宮64卦排列）

乾金八宮　兌金八宮　離火八宮　震木八宮　巽木八宮　坎水八宮　艮土八宮　坤土八宮

安世應訣

八卦之首世六當以下初爻輪上颺游魂八宮四爻立歸魂八卦三爻詳

納甲裝卦歌

乾金甲子外壬午
坤土乙未外癸丑
震木庚子外庚午
巽木辛丑外辛未
坎水戊寅外戊申
離火己卯外己酉
艮土丙辰外丙戌
兌金丁巳外丁亥

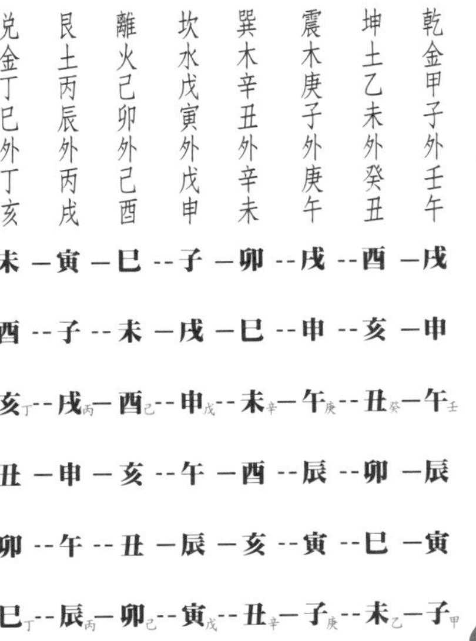

乾	坤	震	巽	坎	離	艮	兌
—戌	--酉	--戌	—卯	--子	—巳	—寅	--未
—申	--亥	--申	—巳	—戌	--未	--子	—酉
—午壬	--丑癸	—午庚	--未辛	--申戊	—酉己	--戌丙	—亥丁
—辰	--卯	--辰	—酉	--午	—亥	—申	--丑
—寅	--巳	--寅	—亥	—辰	--丑	--午	—卯
—子甲	--未乙	—子庚	--丑辛	--寅戊	—卯己	--辰丙	—巳丁

六十甲子（十天干、十二地支組合排列）

甲子乙丑	海中金	丙寅丁卯	爐中火	戊辰己巳	大林木	庚午辛未	路旁土	壬申癸酉	劍鋒金
甲戌乙亥	山頭火	丙子丁丑	澗下水	戊寅己卯	城頭土	庚辰辛巳	白蠟金	壬午癸未	楊柳木
甲申乙酉	井泉水	丙戌丁亥	屋上土	戊子己丑	霹靂火	庚寅辛卯	松柏木	壬辰癸巳	長流水
甲午乙未	沙中金	丙申丁酉	山下火	戊戌己亥	平地木	庚子辛丑	壁上土	壬寅癸卯	金泊金
甲辰乙巳	覆燈火	丙午丁未	天河水	戊申己酉	大驛土	庚戌辛亥	釵釧金	壬子癸丑	桑柘木
甲寅乙卯	大溪水	丙辰丁巳	沙中土	戊午己未	天上火	庚申辛酉	石榴木	壬戌癸亥	大海水

31 **咸**：亨。利貞，取女吉。

初六：咸其拇。

六二：咸其腓。凶，居吉。

九三：咸其股，執其隨。往吝。

九四：貞吉，悔亡。憧憧往來，朋從爾思。

九五：咸其脢。无悔。

上六：咸其輔、頰、舌。

32 **恒**：亨。无咎，利貞，利有攸往。

初六：浚恒。貞凶，无攸利。

九二：悔亡。

九三：不恒其德，或承之羞，貞吝。

九四：田无禽。

六五：恒其德。貞婦人吉，夫子凶。

上六：振恒。凶。

33 **遯**：亨。小利貞。

初六：遯尾。厲、勿用有攸往。

六二：執之用黃牛之革，莫之勝說。

九三：繫遯。有疾，厲，畜臣妾吉。

九四：好遯。君子吉，小人否。

九五：嘉遯。貞吉。

上九：肥遯。无不利。

34 **大壯**：利貞。

初九：壯于趾。征凶，有孚。

九二：貞吉。

九三：小人用壯，君子用罔，貞厲。羝羊觸藩，羸其角。

九四：貞吉。悔亡。藩決不羸，壯于大輿之輹。

六五：喪羊于易。无悔。

上六：羝羊觸藩，不能退，不能遂。无攸利，艱則吉。

36 明夷：利艱貞。

上六：不明晦，初登于天，後入于地。

六五：箕子之明夷。利貞。

六四：入于左腹，獲明夷之心，于出門庭。

九三：明夷于南狩，得其大首。不可疾貞。

六二：明夷，夷于左股。用拯馬壯，吉。

初九：明夷于飛，垂其（左）翼，君子于行，三日不食。有攸往，主人有言。

35 晉：康侯用錫馬蕃庶，晝日三接。

初六：晉如，摧如。貞吉。罔孚裕，无咎。

六二：晉如，愁如。貞吉。受茲介福，于其王母。

六三：眾允。悔亡。

九四：晉如鼫鼠。貞厲。

六五：悔亡。失得勿恤，往吉，无不利。

上九：晉其角，維用伐邑。厲、吉、无咎、貞吝。

38 睽：小事吉。

上九：睽孤。見豕負塗，載鬼一車， 先張之弧，後說之弧，匪寇，婚媾。往遇雨則吉。

六五：悔亡。厥宗。噬膚，往何咎？

九四：睽孤遇元夫。交孚，厲，无咎。

六三：見輿曳，其牛掣，其人天且劓。无初有終。

九二：遇主于巷。无咎。

初九：悔亡。喪馬勿逐，自復；見惡人，无咎。

37 家人：利女貞。

初九：閑有家。悔亡。

六二：无攸遂，在中饋。貞吉。

九三：家人嗃嗃。悔，厲、吉；婦子嘻嘻。終吝。

六四：富家。大吉。

九五：王假有家。勿恤，吉。

上九：有孚威如。終吉。

5 ♦

39 蹇：利西南，不利東北。利見大人，貞吉。

上六：往蹇，來碩。吉，利見大人。

九五：大蹇、朋來。

六四：往蹇、來連。

九三：往蹇、來返。

六二：王臣蹇蹇，匪躬之故。

初六：往蹇，來譽。

40 解：利西南。无所往，其來復，吉。有攸往，夙吉。

初六：无咎。

九二：田獲三狐，得黃矢，貞吉。

六三：負且乘，致寇至，貞吝。

九四：解而拇，朋至斯孚。

六五：君子維有解，吉。有孚于小人。

上六：公用射隼于高墉之上，獲之，无不利。

5 ♦

6 ♦

42 益：利有攸往，利涉大川。

上九：莫益之，或擊之，立心勿恒。凶。

九五：有孚惠心。勿問，元吉。有孚惠我德。

六四：中行告公從，利用為依遷國。

六三：益之用凶事。无咎，有孚，中行告公用圭。

六二：或益之十朋之龜，弗克違。永貞吉。王用享于帝，吉。

初九：利用為大作。元吉，无咎。

41 損：有孚，元吉，无咎，可貞，利有攸往。曷之用？二簋可用享。

初九：已事遄往，无咎。酌損之。

九二：利貞，征凶。弗損，益之。

六三：三人行則損一人，一人行則得其友。

六四：損其疾，使遄有喜。无咎。

六五：或益之十朋之龜，弗克違。元吉。

上九：弗損，益之。无咎、貞吉。利有攸往。得臣无家。

6 ♦

7

44 姤：女壯，勿用取女。

上九：姤其角。吝，无咎。

九五：以杞包瓜，含章，有隕自天。

九四：包无魚。起凶。

九三：臀无膚，其行次且。厲、无大咎。

九二：包有魚。无咎，不利賓。

初六：繫于金柅。貞吉，有攸往，見凶。羸豕孚蹢躅。

43 夬：揚于王庭。孚號，有厲，告自邑，不利即戎，利有攸往。

初九：壯于前趾。往不勝為咎。

九二：惕號，莫夜有戎。勿恤。

九三：壯于頄。有凶。君子夬夬獨行，遇雨若濡，有慍，无咎。

九四：臀无膚，其行次且。牽羊悔亡，聞言不信。

九五：莧陸夬夬中行。无咎。

上六：无號。終有凶。

8

46 升：元亨。用見大人，勿恤，南征吉。

上六：冥升。利于不息之貞。

六五：貞吉。升階。

六四：王用亨于岐山。吉，无咎。

九三：升虛邑。

九二：孚乃利用禴。无咎。

初六：允升。大吉。

45 萃：亨，王假有廟，利見大人，亨，利貞，用大牲吉，利有攸往。

初六：有孚不終，乃亂乃萃，若號，一握為笑。勿恤，往无咎。

六二：引吉。无咎。孚乃利用禴。

六三：萃如，嗟如。无攸利，往无咎，小吝。

九四：大吉，无咎。

九五：萃有位。无咎。匪孚，元永貞，悔亡。

上六：齎咨涕洟。无咎。

9 ♦

47 困：亨。貞大人吉，无咎。有言不信。

上六：困于葛藟，于臲卼。日動悔，有悔，征吉。

九五：劓刖，困于赤紱，乃徐有說。利用祭祀。

九四：來徐徐，用于金車。吝，有終。

六三：困于石，據于蒺藜，入于其宮，不見其妻。凶。

九二：困于酒食，朱紱方來。利用亨祀，征凶，无咎。

初六：臀困于株木，入于幽谷，三歲不覿。

48 井：改邑不改井，无喪无得。往來井井，汔至，亦未繘井，羸其瓶。凶。

初六：井泥不食，舊井无禽。

九二：井谷射鮒，甕敝漏。

九三：井渫不食，為我心惻。可用汲。王明，並受其福。

六四：井甃，无咎。

九五：井洌，寒泉食。

上六：井收勿幕，有孚，元吉。

9 ♦

10 ♦

五行相剋圖

金 水 木 火 土

五行相生圖

夏 巳 午 丙 丁 火

春 寅 卯 甲 乙 木

秋 申 酉 庚 辛 金

冬 亥 子 壬 癸 水

土 辰 戌 丑 未 戊 己

10 ♦

十二地支（年月日時）代數

地支＼代數	年	月	日	時	時間
子	1	11	日以農曆日期直接代入	1	23～01
丑	2	12		2	01～03
寅	3	1		3	03～05
卯	4	2		4	05～07
辰	5	3		5	07～09
巳	6	4		6	09～11
午	7	5		7	11～13
未	8	6		8	13～15
申	9	7		9	15～17
酉	10	8		10	17～19
戌	11	9		11	19～21
亥	12	10		12	21～23

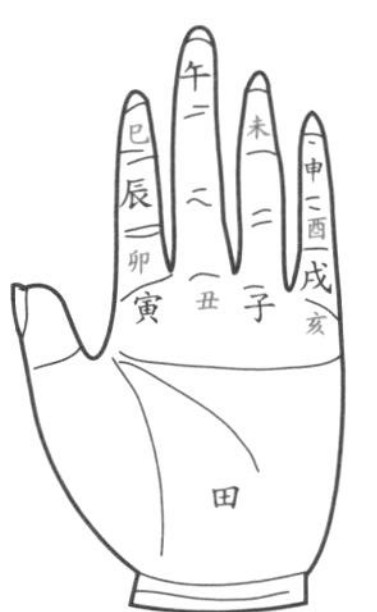

地支六合

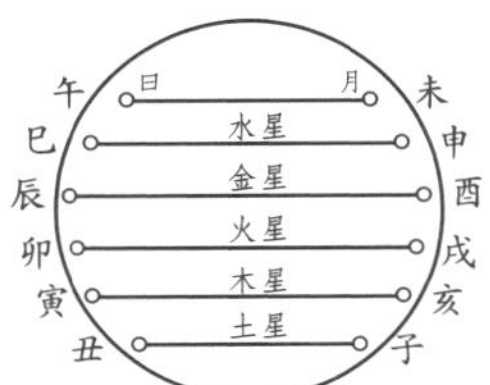

地支三合

地支六沖

一．占卜儀式簡易流程

1誠心　2靜心　3稟明事因　4起卦　5解卦　6感恩

靜心請神曰：伏以八八、六十四卦三百八十四爻感應神明。伏義、文王、周公、孔子五代聖賢等祖師。啓示疑惑。某事。某年　月　日　住所　姓名　男 女　幾歲。

二．卜卦諸般禁忌

1心無誠意不靈　2不能靜心稟明不靈　3主題標的不清楚不靈　4違背公序良俗不靈　5不是本意由他人發起勿占　6若是學習要稟明初學。

※程度愈高，愈用愈深入，不可停留在初學之用卦，則有不靈。

A♣

50 鼎：元吉，亨。

上九：鼎玉鉉。大吉，无不利。

六五：鼎黃耳，金鉉。利貞。

九四：鼎折足，覆公餗，其形渥。凶。

九三：鼎耳革，其行塞，雉膏不食，方雨虧悔。終吉。

九二：鼎有實，我仇有疾，不我能即。吉。

初六：鼎顛趾，利出否。得妾以其子，无咎。

A♣

49 革：已日乃孚。元亨，利貞，悔亡。

初九：鞏用黃牛之革。

六二：已日乃革之。征吉，无咎。

九三：征凶。貞厲。革言三就，有孚。

九四：悔亡，有孚，改命吉。

九五：大人虎變，未占有孚。

上六：君子豹變，小人革面。征凶，居貞吉。

2♣

52 艮：艮其背不獲其身，行其庭不見其人。无咎。

上九：敦艮。吉。

六五：艮其輔，言有序。悔亡。

六四：艮其身。无咎。

九三：艮其限，列其夤。厲薰心。

六二：艮其腓。不拯其隨，其心不快。

初六：艮其趾。无咎，利永貞。

2♣

51 震：亨。震來虩虩，笑言啞啞。震驚百里，不喪匕鬯。

初九：震來虩虩，後笑言啞啞。吉。

六二：震來厲，億喪貝。躋于九陵，勿逐，七日得。

六三：震蘇蘇。震行无眚。

九四：震遂泥。

六五：震往來厲。億无喪有事。

上六：震索索，視矍矍。征凶。震不于其躬，于其鄰，无咎。婚媾有言。

3

54 歸妹：征凶，无攸利。

上六：女承筐无實，士刲羊无血。无攸利。

六五：帝乙歸妹，其君之袂，不如其娣之袂良，月幾望，吉。

九四：歸妹愆期，遲歸有時。

六三：歸妹以須，反歸以娣。

九二：眇能視。利幽人之貞。

初九：歸妹以娣，跛能履。征吉。

53 漸：女歸吉，利貞。

初六：鴻漸于干，小子厲，有言，无咎。

六二：鴻漸于磐，飲食衎衎，吉。

九三：鴻漸于陸，夫征不復，婦孕不育，凶，利禦寇。

六四：鴻漸于木，或得其桷，无咎。

九五：鴻漸于陵，婦三歲不孕，終莫之勝，吉。

上九：鴻漸于陸，其羽可用為儀，吉。

3

4

56 旅：小亨，旅貞，吉。

上九：鳥焚其巢，旅人先笑後號咷，喪牛于易。凶。

六五：射雉，一矢亡，終以譽命。

九四：旅于處，得其資斧，我心不快。

九三：旅焚其次，喪其童僕。貞厲。

六二：旅即次，懷其資，得童僕。

貞…

初六：旅瑣瑣，斯其所取災。

55 豐：亨。王假之，勿憂，宜日中。

初九：遇其配主，雖旬，无咎，往有尚。

六二：豐其蔀，日中見斗，往得疑疾，有孚發若，吉。

九三：豐其沛，日中見沫，折其右肱，无咎。

九四：豐其蔀，日中見斗，遇其夷主，吉。

六五：來章，有慶譽，吉。

上六：豐其屋，蔀其家，闚其戶，閴其无人，三歲不覿，凶。

4

5♣

58 兌：亨。利貞。

上六：引兌。

九五：孚于剝。有厲。

九四：商兌未寧，介疾有喜。

六三：來兌。凶。

九二：孚兌。吉，悔亡。

初九：和兌。吉。

57 巽：小亨。利有攸往，利見大人。

上九：巽在床下，喪其資斧。貞凶。

九五：貞吉，悔亡，无不利。无初有終，先庚三日，後庚三日，吉。

六四：悔亡，田獲三品。

九三：頻巽。吝。

九二：巽在床下，用史巫紛若。吉，无咎。

初六：進退。利武人之貞。

5♣

6♣

60 節：亨，苦節不可貞。

上六：苦節。貞凶，悔亡。

九五：甘節。吉，往有尚。

六四：安節。亨。

六三：不節若，則嗟若。无咎。

九二：不出門庭。凶。

初九：不出戶庭。无咎。

59 渙：亨，王假有廟。利涉大川，利貞。

上九：渙其血去逖出，无咎。

九五：渙汗其大號，渙王居。无咎。

六四：渙其群。元吉。渙有丘，匪夷所思。

六三：渙其躬。无悔。

九二：渙奔其機。悔亡。

初六：用拯馬壯。吉。

6♣

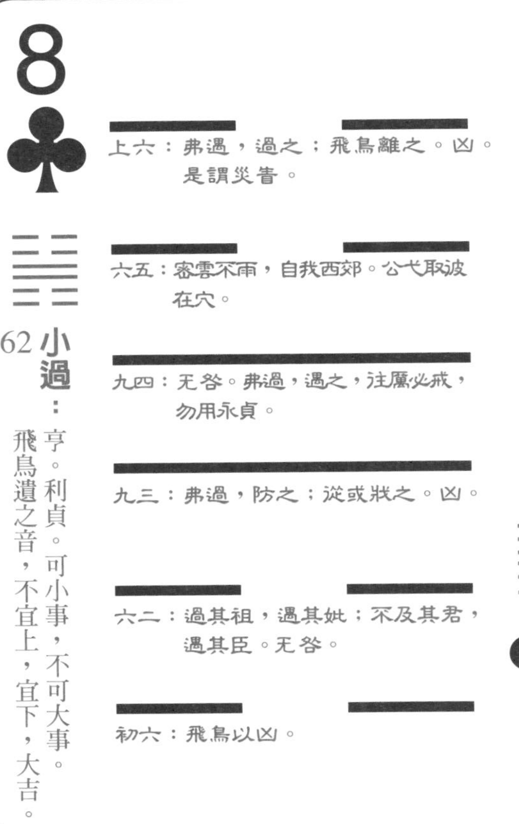
8
62 小過：
亨。利貞。可小事，不可大事。
飛鳥遺之音，不宜上，宜下，大吉。
上六：弗遇，過之；飛鳥離之。凶。是謂災眚。
六五：密雲不雨，自我西郊。公弋取彼在穴。
九四：无咎。弗過，遇之，往厲必戒，勿用永貞。
九三：弗過，防之；從或戕之。凶。
六二：過其祖，遇其妣；不及其君，遇其臣。无咎。
初六：飛鳥以凶。

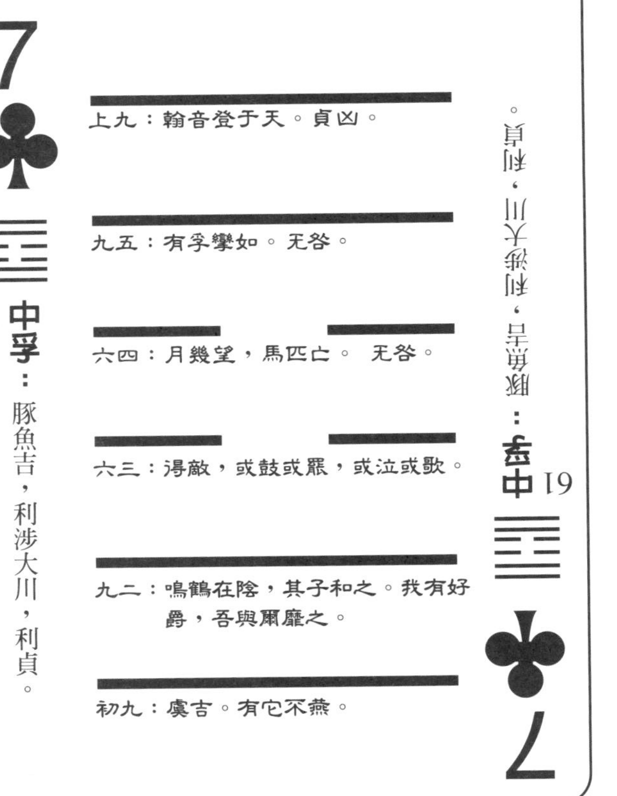
7
61 中孚：
豚魚吉，利涉大川，利貞。
上九：翰音登于天。貞凶。
九五：有孚攣如。无咎。
六四：月幾望，馬匹亡。无咎。
六三：得敵，或鼓或罷，或泣或歌。
九二：鳴鶴在陰，其子和之。我有好爵，吾與爾靡之。
初九：虞吉。有它不燕。

9♣

63 **既濟**：亨小。利貞，初吉終亂。

初九：曳其輪，濡其尾，无咎。

六二：婦喪其茀，勿逐，七日得。

九三：高宗伐鬼方，三年克之，小人勿用。

六四：繻有衣袽，終日戒。

九五：東鄰殺牛，不如西鄰之禴祭，實受其福。

上六：濡其首。厲。

64 **未濟**：亨，小狐汔濟，濡其尾，无攸利。

初六：濡其尾，吝。

九二：曳其輪，貞吉。

六三：未濟，征凶，利涉大川。

九四：貞吉，悔亡，震用伐鬼方，三年有賞于大國。

六五：貞吉，无悔，君子之光，有孚，吉。

上九：有孚，于飲酒，无咎，濡其首，有孚失是。

《梅花易數》

郡康節它依據，「萬物類象」，「萬物皆數」的原理，「由象和數隨機起卦，並綜合《周易》」。卦辭、爻辭五行生剋，互綜體用等諸多因素解卦。《梅花易數》包羅萬象，在於靈活變通，以利參悟。

如

象數＼八卦	乾	兌	離	震	巽	坎	艮	坤
代數	1	2	3	4	5	6	7	8
人物	老父	少女	中女	長男	長女	中男	少男	老母
人身	頭	口	眼	足	股	耳	手	腹
動物	馬	羊	雉	龍	雞	豬	狗	牛
方位	西北	西	南	東	東南	北	東北	西南
象	天	澤	火	雷	風	水	山	地
器物	金玉	毀折	甲胄	竹林	繩子	車輪	門闕	布斧
人象	君王	巫師	大腹	決躁	白眼	憂心	肅靜	臣下
……	……	……	……	……	……	……	……	……

機鋒時間卦

一．依邵雍之方法：以當下年月日之代數相加之和為上卦（總數超過八除以八，以餘數為上卦）

二．以當下年月日時為下卦（總數超過八除以八，以餘數為下卦）

三．以年月日時代數之和除以六之餘數為動爻

（代數請參閱：♦J說明。）

舉例說明：農曆辛巳年十一月七日，起卦 $6+11+7=24$，$24 \div 8 = 3$ 餘 0 整除等於8為坤卦（乾一兌二離三震四巽五坎六艮七坤八）所以①上卦為☷坤②下卦、辛巳年十一月七日酉時，$6+11+7+10=34$，$34 \div 8 = 4$ 餘 2 餘二。為兌卦所以下卦☱兌③動爻、下卦之和34，除以六 $34 \div 6 = 5$ 餘 4 餘四，所以動四爻，若整除則動上爻。

本次機鋒時間卦為䷒地澤臨卦，動第四爻爻辭，至臨无咎

變卦為䷵歸妹

一．先天起卦法

「先得數，再起卦」的要旨，是卦以八除、爻以六除，凡起卦如數在八之內，則以卦序為準。將數配成先天卦乾一兌二離三震四巽五坎六艮七坤八，數大於八則以八除之，以餘數作卦。如整除則為坤卦。起卦後，依總數求動爻，以六除之，餘數為動爻。

二．後天起卦法

「先起卦，再得數」的方法，必須歸類各事物之「象」中取其八卦之代表，起卦時以事物所屬之象為上卦，不變的方位為下卦。取動爻時，即以上下卦之先天數再加當時辰之代數和，除以六之餘數為動爻。

斷卦：看主卦、卦辭及動爻爻辭來分析參悟（見解說）

大衍之數

《繫辭上傳》

大衍之數五十，其用四十有九。分而為二，以象兩儀，卦一以象三才，揲之以四以象四時，歸奇于扐以象閏，五歲再閏故再扐而後掛。是故四營而成《易》，十有八變而成卦，八卦而小成，引而伸之觸類而長之，天下之事畢矣。顯道神德行，是故可與酬酢。可與祐神矣。

※人生規劃——服務項目

一、嬰兒——命名、改名、公司行號撰名、藝名

人生落土八字命：如果有80單位磁場的命，若能再經由命理的角度配上吉祥之象、理、氣、數的運作增加到90單位的磁場能量，這樣的效果比你給小孩子的財產更有價值。

二、紫微斗數、八字、面相統論命運及每年的運勢

中華固有的五術文化山、醫、命、卜、相是人生生活的一大部份，不要因為不了解而忽略它。這是一般知識也是必要的常識。《孫子兵法》：「知己知彼，百戰不殆。」

三、陽宅、辦公室、神位安置——趨吉避凶

先天主「氣」，後天主「運」運氣的調適，關鍵到一個人的磁場，諸如健康、財運、求學、升官，人際關係等。

四、易經占卜（米卦、金錢卦或文王卦，大衍之數）

人生十之八九不如意，重點是在如何走過人生的低潮，才是最重要，諸如感情婚姻、出國移民、生意買賣、房地產投資、就業、健康就醫、以及小人困惑之事，均可透過「易經占卜」來為您指點迷津。

※尚有重要抉擇如投入選舉，勝選策略運用，則必須透過「大衍之數」逐步運籌帷幄，決戰於百里之外。

預約服務電話：（02）27926724　0936168341

服務地點：台北市內湖區成功路4段359號3樓。

※教學服務

《易經》是21世紀「發財」的道源

《易經》暨占卜研習

1. 基礎班　八週　　附（米卦）

2. 中級班　十八週　附（梅花易數）

3. 高級班　廿四週　附（大衍之數）

4. 職業班　面議。

5. 研究中心（終身學習）面議。

上課地點：台北市內湖區康樂街249之1號
　　　　備有停車場及位於公車總站旁。

△採小班制（八個以上~十六個）自己單位組成一班亦可開班。

△個別傳授（因材施教）

※歡迎先預約面談，並了解四週環境。

連絡電話：（02）27926724
　　　　　0936168341

※歡迎來電預約到貴公司及團體，演講「人生與易經」的密切關係。